Wolff: Flackerlicht am Hünengrab

ANKE WOLFF

Flackerlicht am Hünengrab

ISBN 3 536 01831 9
1. Auflage 1991
Umschlagfoto: Anke Wolff
© 1991 beim Engelbert-Verlag GmbH & Co.,
Kommanditgesellschaft, 5983 Balve 8
Nachdruck verboten – Printed in Germany

Inhalt

1. Tanja ist bereits vergeben
2. Oliver prahlt mit Gruselgeschichten
3. Die ganze Klasse im Bann der Hexen
4. Eine Überraschung nach der anderen
5. Tanja versucht eine Wiedergutmachung
6. Da blinkt etwas im Hünengrab
7. Aufbruch ins Abenteuer
8. Das Geheimnis wird geknackt
9. Eine Klasse wächst zusammen

Tanja ist bereits vergeben

Eigentlich war für diesen Tag die mündliche Vorbereitung auf die anstehende Fahrradprüfung geplant. Frau Schier hatte die Fragebogen von der Verkehrswacht bereits in der Klasse 4 c verteilt und noch einmal die Mahnung ausgesprochen, daß alle Räder bis morgen exakt überholt und nachgerüstet zu sein hätten, da entschied sie sich anders. Sie sammelte die Blätter wieder ein und ließ die Haushefte für den Heimat- und Sachkundeunterricht herausnehmen, die schnell zu finden waren, denn sie waren genau doppelt so groß wie die anderen.

Hinter ihr tropfte der Wasserhahn über dem Waschbecken. Das machte die Lehrerin immer außerordentlich nervös, und deshalb sprang jetzt Fred Kruzinna aus der ersten Reihe hinzu und sorgte für Abhilfe.

Frau Schier quittierte diese vorbildliche Tat mit völliger Gleichgültigkeit. Klar doch, sie hatte sich über diesen Burschen in letzter Zeit allzu oft aufregen müssen. Und da haben es Lehrer so an sich, erst einmal mit Ausdauer abzuwarten, bis die Waage zwischen Plus und Minus mit beiden Schalen wieder auf Gleichstand geht.

Fred fragte, ob er das Fenster öffnen dürfe, denn es war stickig im Klassenzimmer, der Mief von zwei Mathe-, einer Musik- und einer Deutschstunde hing noch im Raum. Außerdem wäre Fred gern einmal an Tanja vorbeigerutscht, die in der Nachbarreihe neben Corinna Kube am Fenster saß und heute morgen wieder super aussah: Weißes Sweat-shirt mit einer riesigen Hawaiiblume auf dem Rücken, hellblaue Jeans mit Fransentaschen und ein riesiger Schmetterling als Haarspange im dunkelblonden Pferdeschwanz, der vorzüglich zu der Hawaiiblume paßte. Er mußte so schnell wie möglich mit Tanja Kontakt aufnehmen, denn Oliver Schnoor war auch hinter ihr her. Er, Fred, hatte es haarklein mitbekommen, daß Oli sie in der großen Pause auf dem Schulhof gefragt hatte, ob sie mit ihm zum bevorstehenden Kinderfest während der Polonaise unter dem Blumenbügel gehen wollte. Fred hatte auch mitgekriegt, daß Oli bitte-bitte-bitte gemacht hatte, wie ein dressierter Hund, der auf einen Knochen aus war. Sich so weit zu erniedrigen, das war ja wohl die Höhe, überlegte Fred, bitte-bitte-bitte stammeln und Männchen machen wie ein Zirkustier. Nein, um nichts in der Welt würde er sich zu so etwas herablassen. Aber es würde Phantasie und Anstrengung kosten, um Tanja umzustimmen und auf seine Seite zu ziehen.

Unvorstellbar, daß man ihm, Fred, vielleicht Sina als Polonaisenpartnerin zuschob, Sina mit ihrer molligen Figur, den immerfeuchten Händen und einem Mundwerk, das niemals Pause machte, außer in den Augenblicken, wo es mit der Nahrungsaufnahme beschäftigt war. Puh, warum war es so schwer, an Tanja heranzukommen. Warum wollten die anderen in der Klasse immerzu etwas von ihr? Tanja hier, Tanja dort, mit Tanja antreten, Fangen spielen, neben ihr sitzen, sie als Mannschaftsführer beim Völkerball haben?

Kein Zweifel, sie war das beliebteste Mädchen der Klasse 4 c. Und man mußte ganz einfach einsehen, daß da mehr als eine Hürde zu nehmen war, wenn man sie für sich gewinnen wollte, denn – das hatte jeder mitgekriegt: sie hatte genau acht Anträge für eine Partnerschaft zum bevorstehenden Kinderfest in der Tasche. Acht! Ein absoluter Rekord.

Frau Schier hatte sich jetzt endlich entschlossen, was sie statt der Verkehrserziehung in dieser Stunde tun wollte. Es stand noch eine Arbeit in Heimat- und Sachkunde auf dem Lehrplan, bevor es in zwei Wochen in die großen Ferien ging. Sie forderte die Klasse auf, die Hefte aufzuklappen. Wiederholung durch das letzte Quartal, vom Küstenschutz an Nord- und Ostsee bis hin zum Bau einer Tulpenblüte und zu den Anfängen der Verkehrserziehung, die jetzt bald die Fahrradprüfung zum Ziel haben würde.

Während sie kreuz und quer durch die Reihen fragte, bemängelte sie hier, daß der Verkehrspolizist eine grüne und keine weiße Hose trage, und dort, daß die Spitze einer Wetterfahne nicht in die Richtung zeige, i n die der Wind weht, sondern a u s der er weht.

„Fred Kruzinna", sagte Frau Schier, als sie gemächlich schreitend von vorn nach hinten und wieder zurückgewechselt war, „ich würde dir dringend empfehlen, öfter das Lineal zu benutzen. Oder schonst du es für deine Urenkel?"

Obwohl der Witz Schnee von gestern war, wieherte die Klasse. Auch Tanja, und das tat besonders weh. Fred schlug mit dem Lineal auf die Kante seines Tisches und dachte an schreckliche Dinge. Er freute sich über Halluzinationen, die Frau Schier als kleines Monster in einem kleinen Käfig herzeigten, in dem sie sich vergeblich abmühte, die Eisenstäbe auseinanderzubiegen. Aber die Halluzinationen gingen rasch vorüber, und auch die Klasse beruhigte sich. Frau Schier war schon bei den Staubgefäßen der Tulpenblüte. Was enthalten sie?

„Den Blütenstaub, der zur Bestäubung dient!" wußte Tanja, und die Lehrerin nickte wohlgefällig. Ein Bild von Harmonie und Erfolg oder von Erfolg und Harmonie, so herum paßte es noch besser, überlegte Fred und träumte ein bißchen zu Tanja hinüber. Frau Schier streifte die große Hawaiiblume. Sie mochte Tanja, die hellblauen Jeans, den Schmetterlingshubschrauber, sie mochte alles an ihr, genau so gern wie Fred. Kein Wunder, Tanja kam bei allen Lehrern gut an, sie hatte durchweg alles drauf, was an Antworten gewünscht wurde. Und dabei war sie kein bißchen eingebildet.

Fred seufzte. Es war besser, sich jetzt einen kleinen Ruck zu geben. Mit dem Lineal zog er die Striche um das Thema Schleusenkammer, begradigte das Kreuz in der Zeichnung von der Windrose und malte exakt den Nordpfeil nach, der vorher an ein dauergewelltes Haar erinnert hatte. Frau Schier würde die Hefte demnächst einsammeln, um sie für die bevorstehenden Zeugnisse zu zensieren. Wenn sie das heute nicht täte, dann würde er zu Hause noch einmal gründlich das Heft überarbeiten, um vielleicht eine Note höher zu rutschen.

Es war jetzt mucksmäuschenstill in der Klasse. Alle sollten den Text von der Tafel abschreiben. Hier und da rubbelte ein Radiergummi, das Umschlagen der Heftseiten in der letzten Reihe war noch vorn zu hören.

Fred war mit der Begradigung seiner Wellenlinien fertig und malte noch die Zeichnung von der Tulpenblüte aus. Bei der Gelegenheit konnte man sich wunderbar in den bevorstehenden Nachmittag hineinträumen.

Es würde wieder sterbenslangweilig werden auf dem Dolmenhof. Hätte er auch nur geahnt, wie einsam es dort draußen, sechs Kilometer vor der Stadt, zuging, er hätte damals alle Register gezogen, um Papa und Mama zu überreden, in der Stadt zu bleiben.

Aber die Erwachsenen haben es ja mit ihrem Landleben. Und wenn er, Fred, ehrlich war, dann hatte es ihm auch gefallen, sich das Leben fernab der pulsierenden Stadt wie das spannende Treiben auf einer Texasranch vorzustellen. Die Islandpferde, die ja auch wirklich da waren, die phantastischen Vorstellungen von den Trapperabenteuern, einer Hütte unten an den Teichen, wo das Grundstück allmählich in Wildnis überging und Gespenstern vortrefflich Unterschlupf gewährte. Er hatte sich ausgemalt, wie er mit den Freunden wilde Galoppjagden über und um den Dolmenhof veranstaltete, mit Sprüngen über Wassergräben und Weidezäune, hatte von Lagerfeuern geträumt und verwegenen Jagdausflügen, von verborgenen Höhlen in den alten Kopfweiden unten an der Koppel.

Aber was war aus all dem geworden?

Ja, sie hatten ihm alle versprochen, daß sie kommen würden: Uli, Sven, Christofer, Till, Jann, Martin, Torben, alle, alle. Natürlich auch Oliver. Fast hätte man die Einladungen und Besuche auslosen müssen.

Ja, zuerst waren sie gekommen und hatten gestaunt, was die Einsamkeit alles zu bieten hat. Aber mit der Zeit waren die Besuche weniger geworden. Irgend eine Ausrede fiel ihnen immer ein. Entweder stand das Auto nicht zur Verfügung – mein Papa kann mich heute nicht fahren – ein Drahtesel war in der Werkstatt, oder sie hatten Handballclub, mußten zum Kieferorthopäden und zur Klavierstunde. Es gibt tausend Ausflüchte, wenn man keine Lust mehr hat, einen Freund zu besuchen, der irgendwo draußen in der Einsamkeit lebt, fernab vom Pulsschlag der Stadt, wo sich Fuchs und Hase gute Nacht sagen und der Wind durch die Einsamkeit pfeift. Da ist in der Stadt mehr los, dort kann man an jeder Straßenecke in einen Supermarkt hineinflutschen, um sich mal eben einen Kaugummi, Weingummis oder Lakritzschnecken zu kaufen, ganz abgesehen von der Tatsache, daß es in der Stadt zwei italienische Eisdielen gab, was besonders sommertags von unschätzbarem Wert ist.

Derlei Attraktionen gab es auf dem Dolmenhof nicht. Besonders die fehlende Eisdiele stellte von April bis September den größten Mangel an Zivilisation dar.

Nun saß Fred also Tag für Tag in seinem Dachjuchhe, das Papa ihm wie einen Abenteuerspielplatz ausgebaut hatte, damit viel Platz für Besuch darin war, und langweilte sich so manchen Nachmittag zu Tode. Wie oft hatte er versucht, unter irgend einem Vorwand mit den Freunden in der Stadt Kontakt aufzunehmen, vergessene Schulaufgaben und solche Sachen. Aber nachmittags war fast niemals einer zu erreichen. Die hatten doch alle ihre Programme und Verabredungen und pfiffen darauf, nachmittags sechs Kilometer weit nach Dolmenhof zu radeln oder sich von den Eltern vorwerfen zu lassen, sie seien doch nicht die Chauffeure ihrer Kinder.

Fred kratzte einen kleinen Schmutzfleck auf der Seite mit der „Arbeitsweise eines Signals" weg. Vielleicht würde ja alles anders kommen, wenn Papa endlich mit der Renovierung der Scheune auf dem Dolmenhof zu Ende käme, in der sie ein ländliches Museum einrichten wollten. Ackergeräte aus dem neunzehnten Jahrhundert, Dreschflegel, Sensen, Flachsbrake, Butterwippe und Hundegöpel. Die alte Pumpe wieder herrichten, die auf dem Dachboden lag, und das Spinnrad, den Blasebalg, die Wäscheruffel, Garnhaspel und Käsepresse – all die Gegenstände aus längst vergangener Zeit, die Papa und Mama in der ländlichen Umgebung zusammengetragen und restauriert hatten, um sie irgendwann in ihrem Dorfmuseum solchen Besuchern zu zeigen, die sich für das Handwerk vor mehr als hundert Jahren interessierten.

Das Museum war es eigentlich gewesen, das Papa und Mama von der Stadt auf das Land gezogen hatte, ihr Museum, das ständig in ihren Köpfen herumspukte. Solche Pläne bieten sich an, wenn Eltern von Berufs wegen etwas mit Handwerk und Handwerkskunst zu tun haben.

Nun gut, wenn man es sich genau überlegte, so hatte das Leben auf dem Dolmenhof ja auch seine Reize. Da standen die vier Islandponys an der Futterraufe, man konnte sie nach Belieben satteln und mit ihnen über das Grundstück traben, sie auf den Feldwegen rund um den Dolmenhof zum Galopp antreiben oder im Sche-ritt träumend über die Feldwege wechseln, wo Weißdorn blühte und das Wasser in den Gräben stand, Sumpfdotterblumen an den Rändern und Hahnenklee, Himmelsschlüssel und Schlehensträucher, und über der ganzen Landschaft schwebte der schwere Duft von blühendem Raps, dessen gelber Farbsaum sich an dunstigen Frühsommertagen sogar bis in den Himmel hinaufzog, wie eine Rapsfeld-Fata Morgana.

Hier war er einmal mit Tanja ausgeritten, sie auf Floto, und er hatte die kleine flinke Pepita genommen, immer ein paar Pferdelängen voraus. Ein Traum war dieser Ausflug gewesen. Am Ende des Weges hatten sie das Rauschen des Meeres gehört, wie ein Gruß aus einer anderen Welt, und dann hatte Fred ihr, Tanja, das Geheimnis aller Geheimnisse gezeigt:

. . . „Warte, Tanja, ich zeige dir etwas, was noch niemand vor dir gesehen hat."

Sie hatten die Pferde festgebunden und waren über einen kleinen Bach gesprungen.

„Komm, gib mir deine Hand, es ist zu gefährlich, du hast außerdem deine neuen Schuhe an."

Sie hatte ihm die Hand ausgestreckt, und er hatte sie mit einem Ruck herübergezogen. Ganz leicht war so etwas.

Drüben hatte Tanja erstaunt gefragt: „Was ist das denn?"

„Eine Steinkiste."

„Was für ein Ding?"

„Ein Steinaltergrab."

Zunächst einmal hatten sie die neuen Schuhe mit Huflattichblättern geputzt, weil Tanja die doch für das Kinderfest gekriegt hatte und vorher nur ein wenig austreten sollte.

„Klingt schaurig. Das mußt du mir einmal näher erklären."

„Man nennt sie auch Dolmen- oder Hünengräber." Echt super, wie er sich mit seiner Bildung hatte hervortun und Tanja imponieren können.

„Ich glaube, du willst mich verschaukeln", hatte sie geschmollt. „Du bildest dir wohl ein, ich nehme dir deine Schauergeschichten ab, wie?"

Dann hatte sie sich an den Feldrain gesetzt, und er hatte ihr erklärt, was es mit dem Hügel und den Felsblöcken dort mitten auf dem Feld auf sich hatte. Sie könne es getrost glauben, es handelt sich um ein echtes Grab aus der Steinzeit, eine Grabkammer.

„Da haben vor Tausenden von Jahren die Leute ihre Toten drin begraben, vorher verbrannt und so, auf ganz und gar schaurige Weise. Und noch vor zweihundert Jahren hat es in dieser Gegend von Hünengräbern nur so gewimmelt", hatte Fred angegeben, was durchaus berechtigt gewesen war, denn er wußte vieles von seinen Eltern.

Und deshalb habe man auch die umliegenden Orte nach den großen Felsblöcken, die hier als Teile der Grabkammern überall herumlagen, so benannt: Dolmenhagen, Steinhof, Hohenstein.

„Und sicher euren Dolmenhof", hatte Tanja leise hinzugefügt, ganz und gar im Bann der Geschichte, die diese alten Felsblöcke wie ein Geheimnis bewahrten.

Sie hatten sich das Hünengrab von Dolmenhagen natürlich auch aus der Nähe angesehen. Riesige Felsblöcke waren das, ein besonders großer ruhte wie eine Abdeckplatte auf dem Fundament. Fred hatte auch noch zu berichten gewußt, daß diese Riesendinger einstmals auf Rundhölzern über Land gezogen und dann in die Erde versenkt worden waren, wo sie, mit Erde aufgefüllt, zuletzt mit dem Deckfelsen verschlossen wurden, der ebenfalls auf Rundhölzern herbeigerollt worden war.

„Ist da noch was drin?" hatte Tanja am Eingang der kleinen dunklen Höhle gefragt und sich an Freds Arm festgeklammert. Es hatte ein kräftiger Wind geweht an diesem Frühsommertag, der die Erlen und Pappeln ringsherum wie tanzende Gespenster in Bewegung hielt. Eine schaurige Kulisse.

Sie hatten nichts entdecken können in dem alten Steingrab.

„Immerhin ist es mit Sicherheit mehrere tausend Jahre alt, denn es stammt aus der jüngeren Steinzeit, und die hat die Geschichtsschreibung festgelegt auf die Jahre fünftausend bis zweitausend vor Christi Geburt."

Daraufhin hatte Tanja mit einem langen Stock in der alten Grabhöhle herumgestochert, um die Jahrtausende ein bißchen aufzuwühlen, wie sie es nannte, aber da hatte sich natürlich nichts gerührt.

„Wenn Geister schlafen, dann schlafen sie fest", hatte Fred gewußt, „dann wachen sie nur auf, wenn sie auf ganz besondere Weise geweckt werden."

„Ist es etwa nichts Besonderes, wenn ich einen alten Geist mit dem Stock an der Nase herumkitzle und ihn bitte, herauszukommen?" hatte Tanja sich empört. Und dabei waren wieder einmal ihre lustigen Grübchen zum Vorschein gekommen. Fred mochte diese Grübchen in Tanjas Wangen ganz besonders gern.

In der Ferne war eine Gruppe Spaziergänger aufgetaucht, die hatten neugierig herübergeblinzelt. Ob die Kinder dort drüben Unfug treiben? Denkmalschändung oder so etwas? Lang und länger waren die Hälse geworden, und Fred hätte ihnen am liebsten zugerufen: Die Touristen, die hierher kommen, richten viel mehr Schaden an als wir, sie trampeln nämlich all das Getreide herunter, damit Sie es nur wissen!

Später, als wiederum nur der Wind in den weiten Feldern zu Gast und keine Menschenseele auszumachen gewesen war, hatten sich Fred und Tanja an den Grabenrand gesetzt, vor sich den kleinen Hügel mit dem Hünengrab, das irgendwie wie eine Drohung aussah, die die Vergangenheit hinterlassen hatte. Und nachdem sie ihren Bildungstrip mit der Feststellung abgeschlossen hatten, daß es schon eine erstaunliche Sache sei, ganz und gar ohne technische Hilfsmittel solche Riesensteine auf Hölzern über Land gerollt zu haben, da wagte Fred endlich, Tanja den Vorschlag zu machen, sie möge sich für ihn zum Kinderfest entscheiden und nicht für jenen „behämmerten" Oliver Schnoor. Aber Tanja stand im Wort, wie sie so schön sagte, sie hatte Oliver schon zugesagt. „Nach vier Stunden Bedenkzeit", fügte sie leise hinzu, und in diesem Zusammenhang sollte Fred sich wohl daran erinnern, daß sie vier Stunden lang auf seinen Antrag gewartet hatte. Er schalt sich verzweifelt einen dummen Gartenzwerg, als er am Abend mit diesem Tag abrechnete.

. . . Fred kam aus seinen Träumen zurück, als ihn Jann von hinten kräftig ins Kreuz knuffte.

„Gib Laut, Mensch", zischte er ihm zu, und dann erst nahm Fred das große Gesicht von Frau Schier wahr, das sich unheilverkündend über ihn beugte. „Guten Morgen", sagte sie sanft, „wünsche wohl geruht zu haben."

Und die Klasse wieherte heute zum zweitenmal.

Da stieß Fred seinen Stuhl nach hinten, nahm sein Lineal in die Hand und haute es Oliver Schnoor quer über den Kopf. Was dies nun zu bedeuten hatte, konnte sich Fred später nicht mehr genau erinnern. Erst nach dem Pausenzeichen fiel ihm ein, daß es ihm vorgekommen war, als hätte Oliver besonders laut gewiehert. Und außerdem, das schoß ihm blitzartig durch den Kopf, außerdem hatte er ihm seine beste Freundin, Tanja, vor der Nase weggeschnappt. Diese Erkenntnis war gewissermaßen mit der Träumerei von jenem Nachmittag am Hünengrab heraufgedämmert, und mit einem Mal wußte Fred, daß er Oliver Schnoor schon lange eins hatte überziehen wollen.

Es gab natürlich einen Tadel im Klassenbuch, denn es ist ja nicht schicklich, daß ein Schüler während des Unterrichts aufspringt und einem anderen ein Lineal über den Kopf haut, mit dem er eigentlich Verkehrszeichen hatte malen sollen. Verkehrszeichen, zum Beispiel ein Quadrat, weiß mit gelbem Feld, das für eine Vorfahrtstraße steht.

Fred haderte nicht nur während der großen Pause mit seinem Schicksal, das ihn an diesem Vormittag so jämmerlich behandelt hatte. Sein Groll über den Nebenbuhler aus der vierten Klasse begleitete ihn noch in die nächste Stunde hinein. Irgendwann, so schwor sich Fred Kruzinna, irgendwann werde ich wieder auf der Vorfahrtstraße radeln. Und dann kann Oliver Schnoor am Stop-Schild warten. Ja, es sollte mit dem Teufel zugehen, wenn ihm das nicht gelänge.

Oliver prahlt mit Gruselgeschichten

Oliver Schnoor gab an wie eine Lore Affen. Ob jemand Lust hatte, ihn an diesem Nachmittag auf einen Besuch zu seinem Großvater zu begleiten, fragte er nach Schulschluß. Die halbe Klasse war um ihn versammelt und spitzte die Ohren, weil man so etwas original Schauriges nicht alle Tage zu hören kriegte. Stadtarchiv? Großvater? Hexenprotokolle aus dem siebzehnten Jahrhundert?

Ausgerechnet Sina, die Mollige, die sonst alles glaubte, was man ihr erzählte, meldete Zweifel an. „Du willst uns doch nur verkohlen."

Sie ließ ihre Blicke um Fred und Oliver kreisen, als ahnte sie mehr als die anderen. Da ging es wohl um ein ganz und gar komisches Imponiergehabe, was?

„Du willst doch bloß, daß Tanja dich für einen Helden hält, so wie du in die verknallt bist", platzte die mollige Sina heraus. Im selben Augenblick schnappte sie sich ihren Scout und rannte mit ihrer Freundin Kati davon.

„Hexe!" schrie Oliver hinter ihr her. Er war ganz weiß um die Nase.

Ja, das war gemein. Die übrigen fanden es total mies, daß Sina so etwas einfach hinausplapperte und dann die Kurve kratzte. Sie scharten sich jetzt noch enger um Oliver, was Fred, der auf seinen Bus wartete und somit noch mehr Zeit hatte, als ihm lieb war, mit einer steilen Falte auf der Stirn beobachtete. Er kratzte mit der Schuhspitze auf dem Rasen herum und bohrte ein kleines Loch in das Gras. Nele Hasel knuffte ihn plötzlich in die Seite. „He du, alles paletti?" Sie musterte ihn wie ein Doktor, der nach Viren forscht.

„Klar doch", gab Fred gleichgültig zurück und machte mit der Schuhspitze das Loch wieder zu. Er hängte sich seinen Scout um und hakte die Daumen in die Riemen. Das gab Halt. Nele sollte ihn nicht so komisch angaffen. Was wollte die überhaupt?

Die Schar um Oli herum gackerte jetzt los wie in einem Hühnerhof. Typisch Weiber. Vermutlich hatte er einen Witz gerissen. Oli war ein As im Witzeerzählen, das mußte man zugeben. Er war überhaupt ein prima Freund gewesen, bis, ja bis wann eigentlich?

Klar doch, bis es diesen gewaltigen Krach gegeben hatte um die Fahrräder. Das war noch gar nicht so lange her.

Sie hatten sich ja öfter mal in die Haare gekriegt, aber niemals hatte es so lange gedauert mit der Wiederversöhnung wie diesmal. Wenn man genau zurückrechnete, dann herrschte seit genau zwei Wochen Funkstille zwischen ihnen. Wenn man es noch genauer überlegte, dann war nicht nur Olivers abfällige Bemerkung über das neue Mountainbike von Fred Kruzinna Anlaß dieses Streits gewesen, sondern die Tatsache, daß Tanja so ausgiebig von ihrem Besuch auf dem Dolmenhof geschwärmt hatte. Und das in Olivers Gegenwart!

Also: Tanja und das Mountainbike im Hintergrund, das war es doch genau gewesen, was diesen Streit damals heraufbeschworen hatte?

Seitdem hatten sich ihre Gespräch auf einsilbige Zurufe oder zweisilbige Schimpfwörter beschränkt. Vorgestern hatte Oliver gehöhnt: „Stell dich bei der nächsten Sperrmüllabfuhr nur nicht zu nah an den Straßenrand!"

Und als die ganze Klasse gewiehert hatte, da war Fred

der Gegenschlag gelungen: „Du importierter Lackaffe, du, ich mach aus dir einen Bettvorleger!" Das hatte die Stimmung so angeheizt, daß die übrigen im Chor gesungen hatten: „Ja, da klappert das Gebiß, ja, da klappert das Gebiß, Dracula tanzt Gummitwist!"

Sind Mädchen es eigentlich wert, daß man sich so verkracht, überlegte Fred in diesem Augenblick, als all die häßlichen Szenen der jüngsten Vergangenheit an ihm vorüberzogen. Am liebsten würde er jetzt eine Kiste herbeizaubern, alle häßlichen Wörter und Bilder hineinpacken und unter sich im Rasen verscharren. Vielleicht hatte sein Unterbewußtsein ja schon darauf hingearbeitet, als er mit der Schuhspitze dieses Loch bohrte. So etwas soll es geben, daß da von ganz tief drinnen die Mahnung hochkommt: Begrab' die ganze häßliche Sache endlich!

Fred blinzelte hinüber zu Oli. Wenn der nur jetzt einen Schritt auf ihn zu machte. Die Gelegenheit wäre doch günstig. Warum können sich zwei, die sich vertragen wollen, nicht gleichzeitig die Hand reichen, einfach sagen: Komm, wir feiern Versöhnung, vergessen wir das ganze häßliche Getue. Und Oliver müßte hinzufügen: Ich trete dir die Tanja ab zum Kinderfest und finde dein Mountainbike rattenscharf, und du nimmst den importierten Lackaffen zurück und bist überhaupt rundherum wieder ein bißchen freundlicher, abgemacht?

Aber diese Worte blieben leider nur gedacht und verblaßten in Freds Kopf mit jedem Atemzug zu einer farblosen Angelegenheit, die damit endete, daß alles beim alten blieb.

„Also", hörte er Oliver bramabasieren, „wenn ihr

alle keine Zeit habt oder besser gesagt keinen Mumm, dann geh ich heute nachmittag allein zu meinem Großvater ins Stadtarchiv und grabe die alten Hexen aus. Tschau!"

Er schwang sich auf seinen alten verrosteten Drahtesel mit der defekten Fünf-Gang-Schaltung und ließ neben einer gehörigen Portion Ratlosigkeit Staunen besonders bei den Mädchen zurück. Staunen darüber, ob da wohl etwas dran sein könnte, an dieser ganz und gar ungeheuerlichen Behauptung, daß es im städtischen Archiv, hoch oben unter dem Dach des Rathauses, noch Protokolle über die Hexenverfolgungen im Mittelalter gab. Und daß ausgerechnet der Großvater von Oliver Schnoor, von dem man ja nicht einmal wußte, ob er nun wirklich der Chef, Hauptmann, Verwalter oder wie immer man es nennen mochte, im Stadtarchiv war, ob ausgerechnet der Großvater vom Oli Einblick hatte in diesen Abschnitt der schaurigsten aller Geschichtsabschnitte.

Abwarten, was Oliver morgen Neues zu berichten wußte.

***

Nele Hasel, auch Mickymaus genannt, weil sie die Kleinste in der Klasse 4 c und ständig auf der Suche nach Anerkennung war, Nele Hasel ausgerechnet ließ es sich nicht nehmen, Fred zur Bushaltestelle zu begleiten, als er über die Straße wechselte. Sie behauptete, denselben Weg zu haben, aber das war schlichtweg erfunden, wie unschwer festzustellen war, denn Nele wohnte in entgegengesetzter Richtung.

Die scheinbar graue Mickymaus entpuppte sich als interessanter Gesprächspartner, wie Fred auf dem Weg zum Bus feststellte. Er überlegte sogar einen Augenblick, ob er sie nicht mal — vielleicht gemeinsam mit Tanja — auf den Dolmenhof einladen sollte? D i e würde bestimmt kommen.

„Tanja würde am liebsten Oli ihr Versprechen vor die Füße werfen, weil der immer so gemein zu dir ist", brabbelte Nele auf dem Weg zum Bus, und sie setzte noch eine Feststellung obendrauf: „Der versucht dich doch ständig abzulöffeln."

Die Worte blieben in Freds Gehörgang stecken wie eine Melodie, die nicht mehr raus wollte oder sollte. Er blieb auf der Stelle stehen. Er fühlte, wie eine Riesenaufregung in ihm hochkroch und dann in seinen Schläfen Fußball spielte. Er schaute Nele, die kleine Mickymaus, an. Am liebsten hätte er sie gebeten, die Worte zu wiederholen, besonders jene, die Tanja betrafen.

„Ist es wirklich so?" fragte er zurückhaltend und biß sich auf die Unterlippe.

Nele war längst über das Thema hinaus, kam jedoch auf Wunsch noch mal zurück. „Na klar doch, das merken wir doch alle. Er versucht aus dir einen Zwerg zu machen."

„Ich meine die Sache mit Tanja", korrigierte Fred, und jetzt kam leider der Bus um die Ecke. Viel zu früh, wie festzustellen war.

„Was meinst du?" Nele legte jetzt den Kopf schief wie der Pfeil in der Windrose, wenn der Wind sich dreht. Sie guckte so, als erinnerte sie sich nicht an das, was sie gesagt hatte.

„Schon gut." Fred verwischte das Thema hastig.

„Tschau, ich muß die Hühner satteln, sonst fährt mir der Bus vor der Nase weg."

„Tschau", sagte Nele, und sie brachte ihren Kopf wieder in die richtige Position. „Bis morgen. Bin gespannt, was der Oliver uns von den Hexen zu berichten weiß, du auch?"

Fred nickte kurz, dann rannte er über die Straße. Und als er im Bus saß, dachte er an Nele Hasel, von der anzunehmen war, daß sie nicht mehr alle Tassen im Schrank hatte, daß bei ihr eine Schraube locker war, oder daß man sie als Kind zu heiß gebadet hatte. Kurzum, sie tickte wohl nicht richtig. Wieso hatte sie ihm die Hölle heiß gemacht mit Tanjas angeblichem Geständnis, daß sie lieber mit Fred als mit Oliver zum Kinderfest antreten wollte? Wieso, bitteschön? Vielleicht, um ihn zu prüfen, ob seine Zuneigung zu Tanja nicht ins Wanken zu bringen wäre und er, Fred, letztlich die kleine graue Mickymaus Nele als Partnerin nähme?

Weiber! dachte Fred, und dann nahm ihn wieder mal die Einsamkeit von Dolmenhof in die Arme, als er müde und hungrig kurz vor seinem Elternhaus aus dem Bus stieg.

***

Am nächsten Morgen gab es auf dem Schulhof eine Überraschung. Die Mädchen der Klasse 4 c – und nicht nur sie – waren plötzlich alle wie verwandelt. Woran lag es, was war los? Fred blinzelte gemeinsam mit Uli Steinke in den strahlend blauen Junihimmel. „Weiberfasching", stellte Uli fachmännisch fest. Aber Fred war der Ansicht, daß die Mädchen alle sehr hübsch aussahen in ihren bunten Sommerkleidern. Es war warm heute, und da hatten sich alle etwas einfallen lassen, um die Jeans mal in den Schrank zu hängen und den Sommer entsprechend zu begrüßen.

Nele Hasel trug kurze rosa Shorts und eine große Schleife im Haar, was sie ihrem Mickymaus-Ebenbild noch näherbrachte. Sarah hatte einen Hosenrock mit Blumenmuster an, weit und duftig, und Jeanette trug den weiten Stufenrock, der beim Kinderfest im vorigen Jahr schon Aufsehen erregt hatte. Die einzige, die mit ihrer Hochsommerkleidung ein bißchen danebengegriffen hatte, war Sina, die Mollige. Sie betrat den Schulhof in pinkfarbenen Radlerhosen. „Ausgerechnet." Die Mädchen rümpften die Nase. „Bei so einer Figur."

Sina sah in der Tat putzig aus. Die hautenge Pinkfarbene betonte ihre mollige Figur so ungünstig wie nur möglich. Aber sie störte sich kein bißchen an den kritischen Bemerkungen. Sina war das, was man den molligen Menschen schlechthin nachsagt: eine Frohnatur. Es war bekannt, daß sie ganz gründlich auf Oliver Schnoor in der Klasse abfuhr. Irgendwie kamen die Storys, die sie nachmittags im Pferdestall ihren Freunden erzählte, immer auf dem Schulhof an und sorgten dafür, daß das Gelächter über das mollige Mädchen kein Ende nahm. Sina hat wieder erzählt, daß sie mit Oli in der Eisdiele gewesen ist, Sina ist gestern mit Oli im Kino gewesen, Sina nimmt jetzt mit Oliver an einem Jazztanzkursus teil, sie hat ihn endlich erhört, weil er so sehr darum bettelte. − Solche und ähnliche Geschichten machten ständig die Runde vom Pferdestall, wo Sina sich nachmittags mit ihrem Pferd aufhielt, bis zur Schule.

An diesem Morgen versuchte sie natürlich wieder, in

Olivers Nähe zu rücken. Schließlich brauchte ihr umwerfendes Outfit sein Lob und seine Anerkennung.

„Wie findest du meine neuen Radlerhosen? Der letzte Schrei!" flötete sie und verdrehte die Augen.

Oliver verdrehte ebenfalls die Augen, aber aus anderem Grund. Nicht etwa, weil er von Sinas Schönheit geblendet war. Er warf seinen Scout in die Ecke. Es war noch Zeit bis zum Klingelzeichen.

So abgewiesen, suchte Sina sich einen anderen Partner. Sie umschlang den Stamm der Kastanie, die mitten auf dem Schulhof stand, und piepste, während sie wie ein Medizinmann um den Baum herumtanzte: „Wir tanzen Lambada eine ganze Nacht." Immer rundherum und rundherum.

Jetzt kam Kati auf den Schulhof. Wie sah die denn aus? Sie wurde mit langen Hälsen und großen Augen empfangen. „Aber Kati." Kati schmollte. Sie hatte sich gestern wegen der Affenhitze die Haare abschneiden lassen, schönes, langes, wallendes Schwarz, und nun war die Frisur anders ausgefallen, als sie es sich vorgestellt hatte. Da braucht man Trost von den Freundinnen. Kati wurde in die Mitte genommen und bemitleidet, was ihr offenbar gut bekam.

Fred interessierte das alles nicht sonderlich. Er wartete darauf, daß Oliver seine Hexenstorys endlich auspackte. Er hatte doch gestern so angegeben damit. Wo waren sie denn jetzt? War ihm etwa die Phantasie ausgegangen? Er hatte nicht wenig Lust, ihn zu fragen, ob der Opa aus dem Stadtarchiv krank geworden sei, vielleicht hatte ihm eine Hexe aus den alten Protokollen des Mittelalters etwas angetan, wie? Oder hatten die Hexen ihn, Oliver Schnoor, den großen Angeber, gar selbst verhext?

Es war jedenfalls auffallend, daß Oliver kein Wort sagte, sondern nur mit verschränkten Armen dastand und das Fangenspiel der Mädchen beobachtete.

Nun, es hieß abwarten. Vielleicht gab es noch eine Überraschung an diesem Vormittag. Mit Genugtuung dachte Fred an das Heft für die Heimat- und Sachkundestunde. Er hatte es gestern noch einmal gründlich überholt, so daß auch das scharfe Auge von Frau Schier an keiner schiefen Kritzelei hängenbleiben konnte. Er hatte noch eine andere Überraschung in seinem Ranzen, aber die hatte Zeit. Mama hatte da etwas hineingesteckt.

Wo nur Tanja blieb?

Erst als der Gong zum Unterrichtsbeginn schlug, sah man sie auf den Schulhof kommen. Sie brachte eine Riesenüberraschung mit. Man mußte zweimal hinschauen, um zu begreifen, was für eine Überraschung das war, denn zuerst wollte es niemand glauben. Tanjas linker Arm steckte in einer Schlinge, der Ärmel ihres Sweatshirts baumelte auf dieser Seite wie ein schlapper Flügel in der Gegend herum, wie ein Zeichen dafür, daß das Mädchen Tanja irgendwo auf der Strecke geblieben war. Und so war es denn tatsächlich. Sie hatte sich, was sie den neugierig drängenden Klassenkameraden nun ausführlich berichten mußte, gestern nachmittag beim Spielen auf dem Grundstück den Arm gebrochen. Einfach so. Man brauchte dazu manchmal keine großen Kunststücke auszuführen, wie zu erfahren war. Man klettert auf eine Regentonne, läßt sie umkippen und stützt sich beim Fallen mit gestrecktem Arm auf. So schnell geht das. Und dann ab ins Krankenhaus und hinein in den Gips.

Fred hätte in diesem Augenblick am liebsten schützend seinen Arm um sie gelegt und jedem einzelnen zugerufen, daß er gefälligst vorsichtig zu sein habe. Die Tanja nur nicht anrempeln, hört ihr? Ja, er spürte es ganz deutlich: Tanja war ab heute auf seinen ganz besonderen Schutz angewiesen. Jede Wette, daß es Oliver Schnoor im Traum nicht einfiele, Rücksicht auf ihren kranken Arm zu nehmen?

Er nahm Tanja den Scout aus der Hand und sagte mit fest entschlossener Stimme: „Ab heute mach ich das für dich, Tanja. Wer nur einen Arm hat, der kann unmöglich so schwere Lasten tragen." Sina kicherte in sich hinein, aber jede Wette, daß sie alles darum gegeben hätte, wenn Oliver ihr diesen Dienst erweisen wollte?

Frau Schier sammelte die Hefte ein. Weil das von Fred Kruzinna obenauf lag, blätterte sie ein wenig darin und hob erstaunt die Augenbrauen. „So fleißig gewesen?" Das waren Worte, die ungemein wohltaten, und zufrieden streckte Fred die Beine unter dem Tisch aus. Dabei warf er einen flüchtigen Blick hinüber zu Tanja, die zurücklächelte. Man mußte schon sagen, daß dies ein ganz und gar guter Vormittag war, jedenfalls was den Anfang davon betraf.

Sie gingen gleich zu Beginn der Stunde mit der Lehrerin hinaus. Sie wollte die Fahrräder überprüfen, wie sie es gestern angekündigt hatte. Alles ordnungsgemäß überholt und nachgerüstet? Durchaus nicht. Hier und da war noch etwas auszusetzen, bei dem einen fehlte das Rücklicht, beim anderen ging der Dynamo nicht an, beim übernächsten klapperte das Schutzblech.

Jetzt beschäftigte sich Frau Schier eingehend mit dem Rad von Fred. „Super", sagte sie, und das war das zweite Lob an diesem Morgen aus ihrem Mund. Fred fühlte sich eingehüllt in Glück.

„Angeberkiste!" Es war nicht schwer auszumachen, von wem dieser Kommentar stammte.

„Ein ganz modernes Mountainbike", stellte Frau Schier fachmännisch fest und blieb immer noch neben der „Angeberkiste" stehen. Ihre Finger glitten über den strahlenden Lack, honiggelb und rot gestreift.

„Ganz neu", beeilte sich Fred mit Information, „ich hab's erst zum Geburtstag bekommen." Die anderen bewunderten die hochmoderne Ausrüstung, an der nichts, aber auch nichts auszusetzen war.

„Das ist etwas fürs Gebirge und nicht fürs flache Land", versuchte Oliver die allgemeine Begeisterung herunterzuschrauben.

In diesem Augenblick drängte sich Tanja vor. Vorsichtig, der Arm! Fred hätte sich am liebsten neben sie gestellt, damit niemand sie anstoßen konnte, aber Tanja hielt den baumelnden Ärmel fest und sagte dann laut und vernehmlich: „Fred braucht so ein Rad auf dem Dolmenhof. Es gibt dort ein Riesengeheimnis, das er nur mit einem richtigen Geländefahrrad ausfindig machen kann."

Dabei blinzelte sie ihm zu, und das war eine grandiose Sache.

Mit einem Mal hingen alle Klassenkameraden wie ein Bienenschwarm um ihn herum. „Erzähl, Fred." Sie wollten natürlich wissen, was es mit dem Geheimnis auf sich hatte. Je mehr er abwehrte, desto zudringlicher wurden sie.

„Ein Hünengrab", flüsterte Tanja, und sie legte so viel Betonung in die vier Silben, daß die Spannung unerträglich zu werden drohte.

„Pah, ein Hünengrab", brachte Oliver Schnoor die Stimmung wieder auf den Nullpunkt, „wißt ihr, was das ist, ein Hünengrab? Weiter nichts als ein Haufen Steine. So etwas findet man in jedem Dorf dieser Umgebung."

Große Felsblöcke und sonst nichts, lautete sein abschließender Kommentar. „Da ist es ja viel spannender, auf einem richtigen Friedhof der Neuzeit herumzuspazieren. Da gibt es wenigstens hin und wieder Gespenster, zum Beispiel in Vollmondnächten."

„Angeber", kommentierte Uli Steinke.

„Prahlhans", kam es aus einer anderen Ecke.

„Er hat recht." Sina sprang Oliver zur Seite. „Ich habe mal etwas gelesen, ein Abenteuerbuch, da öffnen sich um Mitternacht die Gräber."

„Wo, in dem Buch?" höhnte Uli Steinke und tippte sich an die Stirn.

„Ich glaube, mein Goldfisch pfeift", meldete sich jetzt Till Wiesknecht, „stimmt doch mal das hübsche Lied an: Wir sind im Idiotenclub und laden herzlich ein."

„Genug!" Frau Schier klatschte energisch in die Hände, um den allzu munteren Haufen wieder zur Ruhe zu bringen. „Also, bis morgen sind die Mängel an den beanstandeten Rädern beseitigt, verstanden? Und jetzt geht es wieder hübsch zurück in die Klasse."

Sie klatschte noch einmal.

Oliver Schnoor trat direkt hinter Sina an, die Kati bei der Hand hielt. Da Fred genau hinter ihm stand, hörte er ihn Uli Steinke zuflüstern: „Sie sieht aus wie ein Pietrain auf zwei Beinen." Was ein Pietrain war, wollte er dann nicht verraten, aber Fred wußte es, Wer auf dem Land wohnt, macht mit solchen Vokabeln laufend Bekanntschaft.

Und er hätte Oliver Schnoor in diesem Augenblick ewige Freundschaft schwören mögen, nicht nur deshalb, weil er Sina, die ihn doch so verehrte, als Zuchtschwein auf zwei Beinen bezeichnete. Hatte er vorhin noch von einer Wiederversöhnung geträumt, so schwor Fred sich jetzt, daß Olivers miserables Benehmen endlich einmal gerächt werden müßte.

Die ganze Klasse im Bann der Hexen

Man konnte sagen, Oliver Schnoor gelang es an diesem Morgen, die gesamte Klasse 4 c in den Griff zu bekommen, und zwar kam sein großer Auftritt nicht in der Heimat- und Sachkundestunde, wie Fred anfangs vermutet hatte, sondern er schüttete sein As aus dem Ärmel, als niemand es vermutete.

Und doch – hätte man scharf nachgedacht, dann wäre es einem vielleicht aufgefallen, daß Frau Schier letzte Woche für Deutsch Vorträge vergeben hatte. Jeder in der Klasse sollte vor den großen Ferien noch an die Reihe kommen, mit einem selbst gewählten Thema vor die Klasse zu treten und sich in der Rede zu üben. Natürlich erinnerten sich alle – nur: für jeden von ihnen war ja noch Zeit zum Überlegen, hatte Frau Schier doch auf sein Drängeln hin Oliver als ersten Referenten bestimmt.

Fred erinnerte sich, wie sie alle mit den Fingern geschnippt und sich fast den Arm ausgerenkt hatten bei der Unterbreitung von Vorschlägen, welchen Inhalt die Vorträge haben könnten. Die Mädchen hatten natürlich durchweg Pferdegeschichten anzubieten, einige Science-fiction und Abenteuer, die Jungen hatten herumgelabert und Comics vorgeschlagen oder Krieg der Sterne und solche Sachen.

Auch Fred war etwas Gutes eingefallen, ein Bericht über das Museum, das auf dem Dolmenhof entstehen sollte. Frau Schier hatte sich auch äußerst interessiert gezeigt, aber schließlich war dieser Vorschlag mit seiner Neigung zur Aufbesserung der Allgemeinbildung klein und bescheiden hinter dem Spektakel verblaßt, das Oliver Schnoor auf der Pfanne gehabt hatte. Wie ein Prophet aus dem Weltraum hatte er dagestanden, der etwas Einmaliges, bisher Unentdecktes zu verkünden hatte. Nein, Fred verwischte das Bild vom Propheten aus dem Weltraum rasch wieder. Der Oliver, der hatte wie ein Teufel dagestanden, wie der Leibhaftige, der die Tür aufstieß in die Abgründe zur Hölle, die dreigezackte Gabel vor dem Bauch, zum Stoß in den Feind bereit. Mitten in die Klasse hatte er, wenn auch ohne Worte, hineingefunkt: Hört, hört, Freunde, die Hölle kocht, und meine Phantasie dazu. Vernehmt, was die alten Protokolle im Stadtarchiv zu berichten wissen von Hexen, Wahn und bösen Geistern.

Und Fred hatte die Dreizackgabel direkt auf sich gerichtet gefühlt, als Oliver seinen Spukgeschichten die Krone aufgesetzt und behauptet hatte, diese alte Story hebe sich ganz entscheidend von der üblichen Spinnerei um Hexen und Teufel ab, weil sie nämlich der Wahrheit entspreche. Wo verbürgt sich eine Behauptung mehr für Wahrheit als in Begleitung eines Behördensiegels, das vor mehr als dreihundert Jahren ein Beamter unter ein Gerichtsprotokoll gesetzt hat? Wo, bitteschön? Auf solch eine Frage weiß man natürlich keine Antwort, auch nicht in der 4 c.

Die ganze Klasse hatte atemlos dagesessen und zu Oliver aufgeschaut wie zu einem Star, der endlich das mitbrachte, was einem den Atem nahm auf ehrliche, glaubwürdige Art und Weise und nicht nur auf Grund explodierender Phantasien irgendeines Comicillustrators oder Phrasenschreibers, bei dessen Geschichten die Glaubwürdigkeit letztendlich immer einen Haken mit Fragezeichen behielt.

Das Fragezeichen hatte allerdings in der Klasse auch bei Olivers Glaubwürdigkeit eine Rolle gespielt, denn es war jetzt genau eine Woche her, daß er so viel Aufmerksamkeit auf sich gelenkt hatte. Wenn eine so horrorverdächtige Story nicht gleich nach ihrer Ankündigung aufgetischt wird, dann ist bald darauf die Luft raus, dann wird sie einem Ausrutscher der Phantasie zugeschrieben, den sich ja letztlich jeder einmal leistet.

Dieser Augenblick sollte jetzt das Gegenteil beweisen. Oliver meldete sich und fragte, ob er heute, in dieser Stunde, seinen Vortrag endlich halten könne. Endlich, sagte er, als hätte er mehr darauf gewartet als die anderen. Frau Schier zögerte einen Augenblick. Eigentlich hatte sie die Rollen für den Sketch zum bevorstehenden Kinderfest verteilen wollen. Aber vor den Ferien, wo der Lehrplan sowieso schon so gut wie abgehakt ist, kann die Disziplin mal ein wenig locker gehalten werden.

„Ja", sagte sie, „ja, Oliver, dann leg mal los." Und sie setzte sich an ihr Pult, verschränkte die Arme vor der Brust, und die ganze Klasse saß da, als hätte eine besenreitende Hexe ihnen allesamt mit den Reisern eins übergezogen, damit sie ja schön den Mund hielten und ihren Artgenossinnen die Beachtung schenkte, die ihnen zustand.

Oliver versicherte nochmals, wie bereits vor einer Woche, daß sich sein Großvater, der Stadtarchivar, und die alten Protokolle aus dem Mittelalter für die Wahrheit seiner Geschichten verbürgten, die Wahrheit und nichts als die reine Wahrheit. Dabei legte er wie ein richtiger Theaterspieler drei Finger auf die linke Brustseite und verdrehte die Augen, als fiele es ihm selber schwer, das, was er zu berichten hatte, zu glauben. So schürt man Spannung.

„Der schrecklichste der Schrecken, das ist der Mensch in seinem Wahn . . ." begann Oliver, und er war so ehrlich, zu gestehen, daß sein Großvater ihm diese Einleitung empfohlen hatte und daß die nicht von ihm, sondern von Friedrich Schiller, genauer gesagt aus dessen Gedicht „Die Glocke" stammte.

Vor den Toren dieser Stadt, erzählte Oliver, genau dort, wo heute das neue Bauland hinter der Umgehungsstraße ausgewiesen sei, haben im Mittelalter, so um das Jahr 1630 herum, die Hexen sich zum Tanz getroffen, und überhaupt sei das hier vor dreihundert Jahren eine ganz verruchte Gegend gewesen, denn am anderen Ende der Stadt, dort, wo heute die Pension „Stille Einkehr" stehe, seien früher die Hexen verbrannt worden.

Bis hierher hatte Oliver noch auswendig gesprochen, jetzt nahm er ein DIN-A-4-Blatt auf, das, wie unschwer zu erkennen war, einen maschinengeschriebenen Text herzeigte, was unweigerlich überleitete zu der Annahme: hier war der Großvater am Werk gewesen. Egal, danach fragte keiner mehr.

„Im Juli 1632 wurde auf gerichtliche Erkenntnis Gretie K. erstlich in der Güte befragt, welche nicht gestehen wollte, darum sie zur Folter gebracht und mit der scharfen Frage vernommen wurde", las Oliver.

Die verbrannte alte Hexe R. habe sie die Zauberei gelehrt. Ihr Feind heiße Asmus, als ein schwarzer Hund sei er bei ihr im Hof erschienen. Sie habe ein Pferd umgebracht, dafür habe ihr der Teufel ein schönes neues versprochen. Danach habe der Teufel sie aufgefordert, mit ihr in die Kirche zu gehen, um dort Gottes Wort abzuschwören. Dann habe sie mehrere Pferde, Kühe und Lämmer umgebracht, ihnen schwarzes Kraut in die Ohren gestopft. Der Teufel habe es haben wollen, daß sie nun neulich zu Gottes Tisch gehen (zum Abendmahl). Die Oblaten habe sie wieder aus dem Mund genommen, entzweigerieben und weggeschmissen, den Wein habe sie heruntergeschluckt. Auf dem Blocksberg habe sie mit anderen aus der Rotte schwarze Fische gefressen, getanzt und gesprungen und mit dem Teufel Hochzeit gefeiert. Darauf wolle sie leben und sterben.

Oliver holte tief Luft. Ob er noch weiterlesen soll? fragte er und blickte wie ein Lehrer über die Köpfe der Klassenkameraden hinweg, ganz im Bann seiner eigenen Worte und des wunderbaren Gefühls, das man hat, wenn einem die gesamte Klasse lauscht.

Frau Schier sagte etwas unsicher: „Das ist ja ein schlimmes Dokument, Oliver", und sie ließ sich noch einmal versichern, daß das schlimme Dokument tatsächlich aus den alten Akten des Stadtarchis stamme, wo es als Beweis einer grausamen Menschheitsepoche lagerte.

Oliver durfte auf allgemeines Drängen der Klasse weiterlesen.

Auf gerichtliche Erkenntnis wird Max B. als ein vor sich selber angegebener Zauberer vor die Folter gestellt, erstlich in der Güte befragt. Er wäre einmal von Todendorf mit der Trommel nach Bisdorf gegangen, da hätte der böse Feind mit Trommel und alle ihn aufgenommen und nach dem Brandesrock geführt, er hätte nicht gewußt, wie er dahingekommen. Er habe dort Frauen aus mehreren Dörfern getroffen. Der Teufel habe ihm gelobet, er sollte reich werden, dagegen sollte er sein eigen sein mit Leib und Seele. Danach habe der Geist ihn nach B. geführt, wo er den Kirchring anfassen mußte, in aller Teufel Namen. Hier habe er auf Geheiß des Satans auf seiner Trommel spielen müssen. Nachts habe er im Pferdehaus geschlafen, da wäre sein Geist zu ihm gekommen und hätte ihm den Hals beinahe umgedreht, danach er das Bette hinaustragen ließ und nicht mehr darin schlafen wollte. Ihm hätte gedeucht, daß verhexte Frauen im Pferdehaus gewesen seien. Man solle die von ihm benannten Frauen man alle zu Wasser führen, er wolle es verantworten.

„Mir ist schlecht", piepste Nele Hasel. Sie zupfte an ihrer Schleife. Frau Schier nahm nicht zur Kenntnis, daß Nele Hasel von Übelkeit befallen war. Sie hatte die Stirn gerunzelt, wohl stark mit der Überlegung beschäftigt, ob es gut sei, den Oliver seine Schauergeschichten aus dem Stadtarchiv weiter lesen zu lassen.

Die ganze Klasse, außer Nele Hasel, forderte die Fortsetzung der Lesestunde. „Weiter, Oli, weiter!" drängten sie im Chor.

Frau Schier bemühte sich, die Falte auf ihrer Stirn glattzubügeln, aber ein Rest blieb. Sie war überstimmt. Während sie noch zögerte, ob sie die Stunden nun wirklich den Hexen widmen sollte, nahm Oliver die Gelegenheit wahr und fuhr ohne ihr direktes Einverständnis fort.

Natürlich schaute er dabei wieder auf sein Manuskript, denn wer behält schon so viel Text im Kopf.

„Vereinzelt sind die Orte der Hexenverbrennung in dieser Umgebung noch überliefert", sagte er mit den Worten seines Großvaters, des städtischen Archivars,

„meistens wurde ein Hügel gewählt, um dem gaffenden Volk das schaurige Schauspiel weithin sichtbar zu machen. Man rammte einen großen Eichenpfahl in die Erde, von allen Seiten schleppten die Menschen Holz, Stroh und andere Brennmaterialien zusammen, gossen Pech darüber und warteten gespannt auf die folgende Zeremonie. Die verurteilte Hexe wurde vor das Gericht gebracht, der Landvogt brach seinen Stab über sie und rief laut über den Platz: Du mußt sterben, es geschehe in Gottes Namen!

Um das eigene Seelenheil besorgt, betete die Inquisition gemeinsam mit dem Volk: Gott helfe uns, damit der Teufel und seine bösen Gesellen nicht von ihnen Besitz ergreifen mochten. Es kam vor, daß einer der Feuerknechte der Hexe spaßeshalber eine Teufelskrone auf das Haupt setzen mußte zum Zeichen dafür, daß die dem Tod Geweihte jetzt Hochzeit feierte mit dem Satan, ihrem Verbündeten. Die Rauchsäule des Scheiterhaufens . . ."

„Halt!" rief Frau Schier jetzt. Sie klatschte in die Hände, wie sie es immer tat, wenn die Klasse zu unruhig wurde, obgleich es mucksmäuschenstill wie nie zuvor war. „Halt", wiederholte sie mit energisch gebietender Stimme und klatschte noch einmal, vielleicht, um die Stille zu verscheuchen. „Ich glaube, Oliver, das reicht. Ich weiß nicht recht, ob das der angemessene Stoff für eine vierte Klasse ist . . ."

In das neuerliche Zögern der Lehrerin hinein funkte die Klasse mit einheitlichem Protest. „Weitermachen, weitermachen!"

Aber diesmal blieb Frau Schier unerbittlich. Sie stand auf, stellte sich neben Olivers Tisch und nahm Einsicht in seine maschinengeschriebenen Schauergeschichten. „Eine gute, saubere und sehr umfangreiche Arbeit", lobte sie, „ich bitte deinem Großvater herzlichen Dank auszurichten. Aber ich bin der Ansicht, daß dieser Stoff doch zu schwer ist für Kinder eures Alters."

Sie wandte sich an die Klasse. „Grausamkeit hin, Grausamkeit her. Ob wahr oder nicht, wir wollen die Schrecken der Vergangenheit nun ruhen lassen." Die letzten Worte sprach sie wie ein Pastor, der ein Grab zuschaufelt. „Amen", erlaubte sich Nele zu flüstern. Aber niemand nahm ihr diese Gotteslästerung übel, weil ihr doch so übel war und sie vielleicht wirklich um das Ende der Geschichte gebetet hatte.

Ein vielstimmiges „Ach" und „Och" kam auf. Aber Oliver mußte seine Hexen einpacken. Es war zu vernehmen, daß er seinen umsitzenden Nachbarn zuraunte: „Nach Schulschluß geht's weiter, wenn ihr wollt."

Das hörte Frau Schier zum Glück nicht. Sie tätschelte Nele Hasels bleiche Wangen. „Geht's dir besser?" Nele nickte.

„Ich finde solche Geschichten auch schaurig." Nele dankte Frau Schier mit einem vielsagenden Blick.

Tanja meldete sich nun zu Wort. „Ich hätte gern einmal gewußt", fragte sie und blinzelte dabei zu Fred hinüber, „ob man das alles hinnehmen kann, was der Oli da erzählt. Es ist doch kaum zu glauben, daß da Leute drum herum gestanden und sich die Sache mit angeschaut haben, diese Hexenverbrennung, meine ich."

Frau Schier nickte. „Ich glaube schon, daß Olivers Vortrag der Wahrheit entspricht", pflichtete sie ihm bei. „Das Mittelalter ist in der Tat eine Zeitepoche, in der die größten Grausamkeiten geboren wurden. Es ist mitunter unvorstellbar, was menschlichen Gehirnen einfällt, um ganze Völker ins Leid zu stürzen."

Und damit leitete sie über zu den Grausamkeiten der Kriege, die es ja heute noch auf der Welt gibt. Und dann half ihr der Pausengong, diese schauerliche Unterrichtsstunde zu beenden.

***

In der großen Pause spielte die 4 c mit der Parallelklasse Tier-Ticken und Fangen. Es war nicht schwer, herauszufinden, warum die Mädchen sich heute alle auf Oli stürzten. Oli hier, Oli da. Sein T-shirt war schon aus dem Hosenbund gerutscht und bot damit noch größere Angriffsflächen. Alles dreht sich um ihn, zürnte Fred, und er überlegte, während er das Spiel aus einiger Entfernung schnaufend betrachtete, weil Nele Hasel ihn mit aller Gewalt am Handgelenk packte und ihn nicht wieder loslassen wollte (dabei hysterisch kreischte „ich hab' ihn! ich hab' ihn!"): Hoffentlich fällt der Oli mal so richtig hin und macht sich die Knie kaputt.

Ja, er malte sich aus, wie er dann davonhinkte, die Zähne zusammengebissen, und die Mädchen sich alle ihm, Fred, zuwandten. Aber das blieb wohl ein Traum. Oliver war der Star. Er hatte schon vorher einen Rang höher gestanden als Fred, aber nun, nach seinem hexenwahnsinnigen Vortrag, fuhren die Mädchen auf ihn ab wie auf Superman.

Erst jetzt fiel Fred auf, daß Tanja nicht an dem Spiel beteiligt war. Wo hielt sie sich verborgen? Er schüttelte Nele jetzt energisch ab, indem er sie ganz einfach in den Oberarm kniff, und dann marschierte er einmal um den

Pausenhof, um nach einem türkisfarbenen Sweat-shirt mit einem männchenmachenden Hund vorne drauf zu suchen, genauer gesagt, nach einem Mädchen, das heute dieses Shirt trug.

Richtig, er fand Tanja unter der großen Kastanie in der Schulhofecke. Dort saß sie wie so oft auf dem Schwebebalken, der hier vor einiger Zeit aufgestellt worden war und entgegen der Annahme von Lehrer- und Elternschaft meistens verwaist dastand.

Für ein Mädchen mit gebrochenem Arm jedoch war dies genau der richtige Aufenthaltsort. Tanja saß dort mit Nadine Heine, einem größeren Mädchen aus der oberen Klasse. Sie hatten die Köpfe zusammengesteckt und betrachteten tuschelnd ein Schüleralbum, in das sie wohl einen Spruch hineinschreiben sollten.

„Hallo", sagte Fred, als sei er zufällig gerade an dieser Stelle vorbeigekommen. Er vergrub die Hände tief in den Jeanstaschen. Die Mädchen nahmen kaum Notiz von ihm. Sie blätterten weiter und kicherten.

„Was gibt's denn da so zu kichern?" fragte Fred und machte einen langen Hals. Dabei stieß er fast auf den Schmetterling in Tanjas Pferdeschwanz, was ein ganz sonderbares Gefühl erzeugte und fast ein bißchen an den Schwindel erinnerte, der einen beim Start eines Flugzeugs überkam.

„Das Album vom Oliver", quietschte Nadine und spähte vorsichtig hinüber, ob der es auch nicht mitkriegte, daß man sich über sein Eigentum lustig machte. Aber Oliver sonnte sich immer noch in dem Glück, Mittelpunkt bei den Mädchen zu sein. Er hatte sie jetzt wie eine dichte Traube um sich versammelt; wahrscheinlich packte er den Rest seiner Hexenprozesse aus, was er vorhin angekündigt hatte.

Es wurde festgestellt, daß Oliver eine Sauklaue hatte. Dieses hübsche Album war von ihm regelrecht vermiest worden mit Randkritzeleien und vor allem mit Zeichnungen und Kommentaren auf jeder einzelnen Seite.

Sie betrachteten zu dritt Nele Hasel, die sich auf Seite fünf verewigt hatte. Es galt festzustellen, daß sich Jeanette insgesamt sechs Fehler auf einer Seite geleistet und Uli Steinke zwei häßliche Eselsohren fabriziert hatte. Als total mies wurde es hingenommen, daß Sven Wiechert in das freie Kästchen unter der Frage: Was ich Dir für die Zukunft wünsche? folgendes gekritzelt hatte: EINEN KUSS VON TANJA! Nadine öffnete ihren Scout, wobei sie laut und heftig gegen das flegelhafte Benehmen dieses Strolches, wie sie ihn nannte, protestierte. Endlich fand sie ihren Tintenkiller, aber Pustekuchen, EINEN KUSS VON TANJA war mit Kuli geschrieben. Wer das ausradieren wollte, der mußte sich wohl mit den Hexen verbünden oder die schäbige Bemerkung ganz einfach mit Deckweiß aus dem Tuschkasten zuspachteln.

„Ich find' das so gemein, so gemein", preßte Tanja wütend hervor. „Der soll mich kennenlernen." Aber dann schaute sie auf ihren Hängearm und sah dabei gar nicht unternehmungslustig aus. Nadine streichelte den Schlenkerärmel, obgleich da gar nichts drin war.

„Ich hab's ja immer gesagt, daß er ein großer Aufschneider ist", stellte Fred fest. Wie günstig war die Gelegenheit, den Mädchen das zu sagen, ihnen endlich die Augen zu öffnen, was dieser Oliver Schnoor für ein unglaubwürdiger Draufgänger war, der mit seinem Imponiergehabe glatt eine ganze Mädchenmannschaft einsackte. Aber dann fiel ihm ein, daß die Mädchen ja gar nicht von Oliver redeten, sondern von Sven Wiechert, von jenem Jungen, der den gemeinen Spruch in das Buch gekritzelt hatte. Aber egal, so oder so, alle waren gemein, die ganze Welt war gemein. Zum einen, weil sie Fred Kruzinna so nutz- und bedeutungslos in die Ecke stellte und vor Oliver Schnoor, dem Angeber und Aufschneider, verblassen ließ, und zum anderen, weil sie Tanja neben ihrem gebrochenen Arm noch das Herz brechen ließ auf Grund solch häßlicher Bemerkungen.

Er versuchte vorsichtig Tanjas Arm zu berühren, so ganz nebenher und unauffällig, aber gerade in dem Augenblick drehte sie sich um, weil Nadine aufgestanden war.

„Übrigens", sagte Tanja, und sie sah ihn an, als hätte sie erst jetzt mitgekriegt, daß da jemand gekommen war. „Übrigens, ob ich mit dem Oliver zum Kinderfest gehe, steht noch lange nicht fest."

Dann fing ihr Blick ein bißchen an zu wackeln, und sie schielte unsicher auf die Spitzen ihrer Sandalen. „Weißt du", fügte sie hinzu und blickte jetzt wieder geradeaus, „ich hab' es nämlich gar nicht gern, wenn man sich über mich lustig macht."

Und dann tat Tanja etwas, das einem schlichtweg Bewunderung abnötigen mußte: Sie riß langsam und korrekt das Blatt aus dem Album von Oliver Schnoor, in dem ihm Sven Wiechert für die Zukunft einen Kuß von ihr, von Tanja, gewünscht hatte.

Fred fand das ungemein mutig. Ja, Tanja war ein Mädchen von Format, das war wieder einmal festzustellen. Aber – hatte er, Fred, das nicht schon immer gewußt?

***

Auf dem Nachhauseweg wieselte Nele Hasel wieder

hinter ihm her. Himmel, war die denn überhaupt nicht mehr abzuwimmeln?

Oben an der Ecke hatte sie ihn endlich eingeholt und keuchte, daß sie bei jedem Ausatmen mit dem Kopf vornüber schoß!

„Halt!" pustete sie und packte Fred beim Handgelenk, genau so wie vorhin in der Pause. „Halt, ich will dir doch ein Eis spendieren."

Und bevor er einen Einwand riskieren konnte, zog sie ihn in die Eisdiele, wo sie zwei Markstücke auf den Tresen legte und ihn aufforderte, seine Lieblingssorte zu wählen.

Nur aus Höflichkeit, wirklich nur aus Höflichkeit bestellte Fred einmal Nuß und einmal Stracciatella, und während Nele ihn abwechselnd schleckend und plappernd zur Bushaltestelle begleitete, überlegte Fred, wie schön es wäre, wenn Tanja an seiner Seite ginge.

Auf der Heimfahrt im Bus packte er seine Federtasche aus und riß die letzte Seite im Mathematikheft heraus. Darauf schrieb er mit rotem Filzstift: Liebe Tanja, ich lade dich hiermit ein, und zwar zum Eis morgen in der Schule.

Er las das Geschriebene durch und stellte fest, daß es Quatsch war, was er da fabriziert hatte. Selbstverständlich wollte er Tanja nicht zum Eis i n der Schule einladen. Also schrieb er noch einmal: Liebe Tanja, ich lade dich hiermit ein . . .

Zur Hölle mit dem roten Filzstift! Wütend klemmte Fred ihn zurück in die Schlaufe seiner Federtasche, denn er hatte seinen Geist aufgegeben und hinterließ nur noch schwache Spuren von Rosa auf dem karierten Papier.

Grün ist ja auch eine schöne Farbe, und außerdem sagt man ja wohl nicht umsonst, Grün sei die Farbe der Hoffnung. Also verstümmelte Fred das Matheheft um ein weiteres Blatt, wobei die ersten beiden Seiten logischerweise auch anfingen zu flattern. Aber endlich hatte er die Notiz fertig, die er morgen früh, gleich zu Unterrichtsbeginn, Tanja zustecken würde: Liebe Tanja, ich lade Dich hiermit ein in die Eisdiele, und zwar heute nach der Schule. Gib mir bitte Antwort, ob Du kommst. — Das stand auch immer unter den Einladungen zu den Geburtstagsfeiern. Man mußte ja schließlich wissen, ob man sich darauf einzustellen hatte, daß man einen späteren Bus nahm, oder ob man gleich die Blamage ausklammern konnte, daß man sich vielleicht wie ein vergessener Regenschirm die Beine in den Bauch steht und stundenlang vor dem Eiscafé Venezia wartet, nicht wahr?

Eine Überraschung nach der anderen

Dies war wieder einmal ein äußerst langweiliger Nachmittag auf dem Dolmenhof. Fred saß in seinem Dachjuchhe, hatte das Fenster weit geöffnet und kaute auf der Verschlußkappe seines Tintenkillers herum. Er hatte schon so kräftig zugebissen, daß es drinnen knackte. Anzunehmen, daß die Spitze abgebrochen, genauer gesagt, abgebissen war.

Er holte tief Luft und träumte über das Matheheft hinweg zum offenen Fenster hinaus. Das dichte Laub der Linde, das wie eine Kulisse vor seinem Fenster stand, rührte sich nicht. Es war windstill und warm. Von draußen strömte der Sommer herein mit einem Duftgemisch von Flieder, Lupinen und Raps, der immer noch blühte.

Hätte er nicht doch versuchen sollen, für heute nachmittag jemanden aus der Klasse zum Dolmenhof einzuladen? Vielleicht Uli oder Jann? Die hatten heute morgen noch keine Pläne für den Nachmittag gehabt. Ach, sie wären doch nicht gekommen, wetten?

Aber Nele Hasel. Vielleicht hätte er Nele einladen sollen. Die hätte garantiert zugesagt und wäre vorher sogar noch drei Meter hoch in die Luft gesprungen vor Freude.

Vielleicht hätte sich auch Sina überreden lassen. Die war doch ganz wild auf Pferde. Er hätte Sina die Sache schmackhaft machen können: Ein Ausritt über den Dolmenhof, Sina, du kriegst die Maja, und ich nehme Pepita, und dann galoppieren wir hinunter zum Hünengrab.

Bei diesem Gedanken stockte Fred. Nein, nie und

nimmer würde er mit einer anderen zum Hünengrab hinunterreiten oder wandern. Das Geheimnis um die alten Felsbrocken sollte nur ihm und Tanja gehören, denn hier waren die schönsten seiner Träume zu Hause. Nie und nimmer würde er mit einer anderen in die Felder hinunterziehen, um sie einen Blick in das Innere des sagenumwobenen Steinaltergrabes tun zu lassen. Nicht Sina, nicht Nele, niemanden, das war ein Schwur.

Fred trat an das offene Fenster und spähte hinaus. Der Tintenkiller hing immer noch in seinem linken Mundwinkel. Vom Hof drangen Stimmen herauf. Mama war richtig aufgedreht. Heute morgen hatte ihr ein Altbauer aus dem Nachbardorf einen alten Taubenpfahl geschenkt. Der sollte jetzt das Prunkstück ihres Museums werden.

Die Tür zur Scheune drüben stand weit offen. Es war eine sehr alte Scheune aus Fachwerk und Lehm, die ihr Überleben nur der Tatsache verdankte, daß der Bauer, dem dieser Hof früher gehörte, sie einmal gründlich renoviert und die Mauern zum Teil neu gerichtet hatte.

Der Schriftzug hing schon über dem Eingangstor. Mama konnte die Zeit nicht abwarten. MUSEUM DOLMENHAGEN stand da zu lesen, und man mußte gestehen, daß es ungemein anziehend wirkte.

Und nun noch der restaurierte Taubenpfahl, der zweihundert Jahre auf dem Buckel hatte – er würde sich prächtig ausmachen vor dem Eingang der alten Scheune.

Mama hatte heute mittag regelrecht gejauchzt auf Grund dieser Errungenschaft. Das letzte, was ihr noch fehlte für ihre Oldie-Sammlung, war nun das Hundegöpel. Auch dieses wollte ihr jener Bauer als Geschenk überlassen, der ihr das Taubenhaus von anno dazumal spendiert hatte. Ein Hundegöpel? hatte Fred neugierig gefragt. Was das denn wohl sei?

„Ja, da sieht man wieder einmal", hatte Mama sich an Papa gewandt, „wie wenig bekannt die alten historischen Gegenstände sind", denn auch Papa hatte gepaßt bei der Antwort auf die Frage, was ein Hundegöpel sei.

„Schon früh haben sich die Bauern darum bemüht, Kräfte durch übertragende Getriebe zu mehren", hatte Mama sie belehrt, und ihre Stimme hatte ein wenig an die von Frau Schier erinnert. „Im achtzehnten Jahrhundert kamen deshalb die Göpelwerke auf, die zuerst in Holz und dann in Eisen gebaut wurden. So wurden landwirtschaftliche Geräte wie Mühlen und Maschinen von Mensch oder Tier angetrieben. Die Kräfte wurden übersetzt durch eine Welle und das Räderwerk. Und die Hundegöpel", so hatte Mama gewußt, „waren — so konnte man es wohl benennen — Maschinen, die nicht mit PS, mit Pferdestärken, sondern mit HS, mit Hundestärken, angetrieben wurden. Da wurde so ein Wauwau in das hölzerne Tretgerät eingespannt und mußte immerfort laufen, laufen, laufen. Dabei setzte sich das Getriebe in Gang, das beispielsweise die Arbeit des Butterns übernahm."

Ach ja, Mamas Hundegöpel. Wenn in einer Woche alles unter Dach und Fach ist, hatte sie frohlockt, dann würde sie sich etwas ganz Besonderes einfallen lassen. Und sie hatte Freds Haar gestreichelt, weil sie ein kleines bißchen das schlechte Gewissen plagte in Anbetracht der Tatsache, daß sie auf Grund emsiger Renovierungsarbeiten so wenig Zeit für ihren Sohn hatte. „Dann werde ich deine Klasse gemeinsam mit Frau

Schier zum ersten Museumsbesuch auf Dolmenhof einladen. Du hast hoffentlich schon die Voreinladung abgegeben? Fred dachte daran, daß die „Überraschung" immer noch in seinem Ranzen vor sich hin träumte, aber er sagte es seiner Mutter nicht. Gleich morgen wollte er das Versäumte nachholen und sich dabei über Frau Schiers freundliches Gesicht freuen.

. . . Die ganze Klasse 4 c zu Besuch auf dem Dolmenhof. Mit einem Mal gewann die Vorstellung verlockende Konturen. Das, genau das könnte es sein, was Oliver Schnoor den Wind aus den Segeln nähme, ein Museumsbesuch hier draußen. Und dann möglichst viele Abenteuer spinnen um die alten Exponate. Da hatte Mama sich eine famose Idee geleistet. Na klar, sie mußten alle kommen, alle aus der 4 c. Sicher würde Frau Schier den Besuch mit dem Wandertag verbinden, der vor den Ferien sowieso noch auf dem Programm stand. Und vielleicht fänden einige aus der Klasse bei dem Besuch so viel Interesse und Gefallen am Dolmenhof, daß sie fortan öfter kämen. Vielleicht gäbe es dann in den Sommerferien jeden Tag Besuch auf dem Dolmenhof, und jeder würde sich um eine Einladung von ihm, Fred, reißen.

Ach, Schwamm drüber. Vermutlich würden sie wie bisher alle lieber in der Eisdiele hocken und in das kleine Kaufhaus strömen. Fred lehnte sich zum Fenster hinaus. Mama klopfte an dem Taubenpfahl herum, und es roch jetzt nach Ölfarbe. Ansonsten war es so still wie im Niemandsland. Aber es war eine schöne Stille, ein Bild des Friedens. Unten am Ziehbrunnen schlief Franco, der Kater. Fred hätte ihn gern hier oben in seinem Zimmer gehabt, um nicht ganz so allein zu sein, aber Franco blinzelte auf seinen Zuruf hin nur träge aus den Augenwinkeln.

Unten schrillte jetzt das Telefon. Mama kam aus der Hocke hoch und stand unentschlossen da mit ihrem Farbtopf in der Hand. Als sie Fred an seinem Zimmerfenster entdeckte, rief sie herauf: „Nun geh doch schon, Fred, es könnte wichtig sein! Du siehst doch, daß ich beschäftigt bin." Sie hielt ihren Farbtopf in die Höhe.

Fred flitzte die Treppe hinunter.

Atemlos nahm er hin, daß hier gerade ein Wunder geschah, denn: Tanja war dran. Nicht zu fassen. Er träumte doch nicht?

„Du", haspelte sie aufgeregt, „ich habe da ein kleines Problem, bei dem du mir vielleicht helfen kannst."

Fred nickte, bis ihm einfiel, daß Telefone Kopfnicken ja nicht übertragen.

„Klar doch", beeilte er sich zu sagen und preßte den Hörer ganz fest an sein Ohr, damit ja keines von Tanjas Wörtern danebenpurzelte.

„Es geht um die Fahrradprüfung", teilte sie sachlich mit. „Du weißt, ich kann daran eigentlich nicht teilnehmen, wegen meines gebrochenen Arms." Vermutlich schlenkerte Tanja jetzt mit der losen Hülle ihres Sweatshirts. Fred sah es in Gedanken vor sich, und er erinnerte sich augenblicklich, wie ihn der Schmetterling in ihrem Pferdeschwanz heute morgen auf dem Schulhof in die Nase gepiekt hatte. Das sonderbare Gefühl stieg wieder in ihm auf.

Himmel, er hatte sich wohl ganz schön in Tanja verknallt, wie einzugestehen war.

„Meine Eltern wollen natürlich auf keinen Fall, daß ich an der Prüfung teilnehme", plapperte Tanja, „aber i c h will es." Sie kam auf den Kern.

„Und da möchte ich dich bitten, ob du mit mir noch mal die Vorfahrtsregeln, das Einordnen und Abbiegen übst."

Fred nickte heftig.

„Ich kann mit einer Hand fahren", beteuerte Tanja aufgeregt. „Ich fahre auch mit ungebrochenem Arm fast immer nur mit einer Hand."

Fred nickte wieder sehr heftig.

„Bist du noch dran?" forschte Tanja.

„Klar."

„Und?"

„Logo, daß ich dir helfe." Mann, da dreht man ja fast durch. Er faßte jetzt allen Mut zusammen und fragte Tanja, ob sie denn nicht nach Dolmenhof kommen möchte, hier könnten sie ganz phantastisch üben.

„Quatsch", entschied Tanja. „Dort auf dem Land gibt es doch keine Verkehrszeichen und keine Autos. Soll ich da vielleicht lernen, einer Kuh auszuweichen oder einer Kellerassel die Vorfahrt zu gewähren, die gerade auf dem Weg hinunter zum Hünengrab ist? – Übrigens Hünengrab", plapperte sie weiter, „steht es noch?"

„Ob das Hünengrab noch steht?" empörte sich Fred, „du, hör mal, das steht hier seit mehr als fünftausend Jahren, da wird es wohl noch ein bißchen durchhalten."

. . . und warten, bis du einmal wiederkommst, hatte er noch hinzufügen wollen, aber besser, er sagte das nicht.

„Also, dann tschau bis morgen. Ich kann mich doch auf dich verlassen?" versicherte Tanja sich. „Du, das mit dem Üben bleibt unser Geheimnis, okay? Du sagst nichts zu meinen Eltern. Bald habe ich eine Woche mit dem Arm herum, zwei Wochen muß der Gips noch dran bleiben, und das haut ganz genau hin mit dem Termin für die Prüfung. Ich kann dann teilnehmen, denke ich."

„Klar", meinte auch Fred, obgleich es ihm durchaus nicht so gewiß schien, daß Tanja schon so bald wieder voll einsatzfähig sei.

„Ich komme also morgen mit dem Rad zur Schule", versprach er, „und nach Schulschluß können wir die Sache dann in Angriff nehmen."

„Du kannst selbstverständlich bei uns zu Mittag essen. Magst du Spaghetti und Tomatensauce?"

„Und ob." Fred nickte wieder.

„Und dann . . ."

„Ja?" hakte er aufgeregt nach.

„Und dann ist da noch etwas . . ."

Fred preßte den Hörer noch fester ans Ohr, so fest, daß es wehtat.

„Das Hünengrab", betonte Tanja langsam und feierlich, „ich habe da eine Idee."

„Und die wäre?"

„Ach, ich sag's dir lieber nicht. – Noch nicht", verbesserte sie sich.

„Pack schon aus."

„Nein, wart's ab. – Also bis morgen. Tschau."

Es tutete im Hörer.

Fred stand noch eine Weile regungslos da und zögerte, ob er auflegen sollte. Dann entschloß er sich mit einem Jubelschrei, das endlich zu tun und rannte anschließend wie ein geölter Blitz die Treppe hinauf, um sogleich wieder hinunterzustürzen. Frau Kruzinna sah ihrem Sohn kopfschüttelnd hinterher, als der in die Garage flitzte, sein Fahrrad herausschob und nach Putzzeug fragte. Die Farbe tropfte aus ihrem Pinsel auf den Rasen.

„Sag mal", rief sie fragend hinüber, „hat dich der Putzteufel beim Schlafittchen?"

„Nein!" rief Fred zurück. „Ich putze nur mein Fahrrad!"

Wieder schüttelte Frau Kruzinna den Kopf. Das neue Mountainbike? Was gab es da zu putzen? Das war doch noch blitzblank, genau so strahlend sauber wie vor zwei Wochen, als sie es ihrem Sohn zum Geburtstag geschenkt hatte.

***

Fred fuhr mit dem Wind im Rücken. Da fühlt man sich wie auf einem Segelboot. Er schaltete in den fünften Gang, mal sehen, was die Kiste hergab. Es waren ein paar Schlaglöcher in der ausgefahrenen Chaussee, denen es geschickt auszuweichen galt. Es hatte in der letzten Nacht ein wenig geregnet, und deshalb krochen hier und da Schnecken über den Straßenrand. Einmal scheuchte er ein buntes Fasanenmännchen auf, das aufgeregt Zuflucht in einem Knick suchte.

Er dachte an Tanja, an die Schule, an die Einladung zu Spaghetti und Tomatensauce, und in alles hinein mischte sich die Vorstellung, daß er Tanja nach der Fahrradüberei im Stadtverkehr in die Eisdiele einladen würde. Die schriftliche Einladung, die er gestern auf der Matheheftseite formuliert hatte, war ja nun hinfällig. Er hatte eigens sein Sparschwein geschlachtet und die Münzen heimlich in der Federtasche versteckt, damit Mama nichts mitkriegte. Die konnte mitunter so neugierige Fragen stellen.

Es war niemand unterwegs an diesem frühen Morgen vom Dolmenhof in die kleine Stadt, niemand außer den Tieren, die überall in den Knicks und auf den Feldern ihre Stimmen erhoben. Von weitem brüllte eine Kuh, und in einem Teich hinter den Weiden quakten Frösche. Voraus erkannte man jetzt im Dunst des Morgens die Kirchturmspitze der Stadt.

Die Straße gabelte sich hier. Fred beschloß den Weg abzukürzen und sein Fahrrad über einen Wall zu hieven, dann durch das Unterholz eines Wäldchens zu schieben, um anschließend auf die neue ausgebaute Strecke zu gelangen. Er würde damit glatte zehn Minuten einsparen, die man somit auf dem Schulhof vor Unterrichtsbeginn verplaudern könnte.

Irgendwann, der Wall und das Gehölz lagen längst hinter ihm, und er fuhr wieder auf gerader Strecke, fing das Hinterrad an zu bleiern, und die Felgen stießen hart auf. Verflixt, das hatte gerade noch gefehlt – eine Panne. Und das an einem rustikalen Mountainbike? Von denen hieß es doch immer, sie seien so extrem widerstandsfähig. Es gab keinen Zweifel, er hatte sich etwas in den Reifen gefahren, und nun saß er da mit einem ganz gewöhnlichen Plattfuß.

Verärgert stieß er mit dem Fuß auf, aber davon wurde die Sache auch nicht besser. Er trommelte wütend auf dem Fahrradsitz herum, auch das half nicht. Es half überhaupt nichts außer Schieben. Das hämische Sprichwort „Wer sein Rad liebt, der schiebt" fiel ihm ein, und er entließ ein paar kräftige Schimpfwörter in den wunderschönen Frühsommermorgen.

Er dachte weniger daran, was nun aus der Fahrradübungsstunde mit Tanja würde, als an die Tatsache, wie die Klasse und vor allem ihr Lehrer wohl reagieren würde, wenn er, was anzunehmen war, mindestens eine Viertelstunde zu spät zum Unterricht erschiene, dastünde in der Tür des Klassenzimmers und sagte: „Entschuldigung, daß ich zu spät komme, ich habe einen Plattfuß."

Die Klasse würde außer sich geraten vor Vergnügen, am lautesten natürlich Oliver. Angestrengt dachte er nach, wie man sich vor dieser Blamage in der Klasse schützen konnte, während er bald die ersten Häuser der Stadt erreichte und mit einem Blick auf seine Swatschuhr feststellte, daß der Unterricht vor genau zehn Minuten begonnen hatte. Erste Stunde Kunst bei Herrn Dober. Schade, daß nicht Heimat- und Sachkunde auf dem Stundenplan stand, oder Deutsch, denn da hätte er Frau Schier mit stolzer Miene Mamas Einladung in die Hand drücken können: Hier, bitteschön, Frau Schier, eine Einladung in das Museum von Dolmenhof für nächste Woche. Die Klasse 4 c wird die erste Besuchergruppe sein, die in diesem Museum zu Gast ist. − Und selbstverständlich hätte Frau Schier glatt die Tatsache übersehen, daß er sich verspätet hatte. Wer eine so wichtige Botschaft in die Klasse bringt wie die Einladung in ein neu eröffnetes Museum, der kann es sich selbstverständlich erlauben, mitten in die Stunde hineinzuplatzen.

Vor der Klassentür räusperte Fred sich gründlich. Zweiundzwanzig Augenpaare plus das von Herrn Dober blickten ihm neugierig entgegen, was da nun wohl als Entschuldigung vorgetragen würde.

„Entschuldigung", stammelte Fred. Er hatte sich

seine Ausrede wie ein auswendig gelerntes Gedicht zurechtgelegt. „Ich mußte heute morgen zum Arzt, zur Blutentnahme", fügte er erläuternd hinzu.

Diese phantastische Ausrede war ihm eingefallen, als er sich bei der Untersuchung seines demolierten Hinterrades den dicken Dorn in den Daumen gerammt hatte, der Ursache des Unglücks geworden war. Da hatte das Blut getropft, genau so wie es zu tropfen pflegt, wenn man beim Doktor einen Pieks kriegt, um die roten und weißen Blutkörperchen zählen zu lassen. Natürlich wußte jemand wie Fred, daß man beim Doktor zur Blutentnahme morgens früh nüchtern zu erscheinen hat und daß der Doktor deshalb Blut erst zu einer Zeit abnehmen kann, in der an den Schulen der Unterricht begonnen hat. Logo?

Auch Herr Dober schien über die Gewohnheiten in Arztpraxen hinreichend informiert zu sein, wie überhaupt die ganze Klasse, denn es wurde weder gemeckert noch gegackert, so daß Fred stillschweigend und ohne großes Aufsehen seinen Platz einnehmen konnte. Er packte sein Tuschzeug aus und machte einen langen Hals, um zu sehen, wie weit die anderen mit ihrem Paradiesvogel auf dem DIN-A-3-Blatt waren. Beruhigt konnte er feststellen, daß die versäumten Minuten leicht aufzuholen wären.

Tanja versucht eine Wiedergutmachung

In der fünften Stunde übten sie die Polonaise für das Kinderfest. Es half nichts, Fred mußte auch nach langem Zögern Nele Hasel bei der Hand nehmen. Nele war ihm als Partnerin endgültig zugewiesen worden, nachdem Frau Schier sich wieder einmal die Haare gerauft hatte wegen einiger Rüpeleien in der Deutschstunde. Hier hatte Christofer seinen Vortrag über den Favoriten fürdie Fußballweltmeisterschaft gehalten, aus ganz persönlicher Sicht, versteht sich, und er hatte sich dabei mit einigen Jungen in die Haare gekriegt. Frau Schier hatte, wie zu beobachten gewesen war, heimlich eine Kopfschmerztablette geschluckt, mit einem Schluck Wasser aus der Leitung nachgespült und sich anschließend unlogisch, aber kräftig über das Tropfen des Wasserhahnes geärgert.

Ein Ärger hatte sich an den anderen gereiht, und jetzt war die Kette zum Zerreißen gespannt.

Der Plattenspieler, der für die Polonaisenmusik auf dem Schulhof aufgestellt worden war, fing an zu bleiern, und die ganze Formation der Schüler geriet aus dem Takt. Energisches Händeklatschen der Lehrerin ließ die Musik auf erstaunliche Weise wieder zur Besinnung kommen und die Kinder ebenfalls, so daß sich am Ende doch noch alles zu einem Bild der Harmonie fügte. Ja, so würde man beim großen Aufmarsch zum Kinderfest vor den Hunderten von Zuschauern wohl bestehen können.

Aber der Fred soll sich nicht jedesmal mit einer Extraeinladung bitten lassen, die Nele anzufassen. Wenn sie darum bitten dürfte, fragte Frau Schier mit leicht schnippischem Unterton.

Die anderen grinsten ausnahmsweise nicht, denn sie hatten gleiche Probleme. Das hatte Fred heimlich beobachtet. Wer nimmt schon ein Mädchen bei der Hand, ohne sich vorher ein bißchen zu zieren! Das sieht ja gerade so aus, als sei man ganz wild darauf und wunder wie verknallt in seine Partnerin, nicht wahr?

Fred hatte jetzt endlich entdeckt, in welcher Reihe Tanja ging. Dort drüben hatte er sie ausfindig gemacht. Und nun wußte er auch, warum sie so schwer zu erkennen gewesen war. Sie ging nicht auf der Seite, die alle anderen Mädchen einnahmen, sondern wurde von Oliver zur Rechten begleitet, weil ihr linker Arm doch im Gips steckte.

Fred machte einen langen Hals und ließ dabei Nele Hasel los, die die Situation augenblicklich reparierte, indem sie sich die losgelassene Hand zurückholte und noch fester zudrückte als vorher.

Oliver plapperte auf Tanja ein, als wollte er sie zu sonst was überreden. Vielleicht hatte er seine Hexengeschichten noch einmal aufgewärmt und etwas Paßgerechtes dazugedichtet? Jedenfalls lauschte Tanja ihm gespannt, und jetzt nickte sie heftig mit dem Kopf.

Merkwürdig, überlegte Fred, daß sie in den Pausen mit keinem Wort auf das Telefongespräch von gestern eingegangen war, wirklich mit keiner Silbe. Was das wohl zu bedeuten hatte? Ein paarmal war er um ihren Tisch herumgeschlichen, aber sie war jedesmal völlig vertieft in eine andere Sache gewesen, und in der Pause hatte sie heute Tafeldienst gehabt, ausgerechnet zusammen mit Oliver Schnoor und Sina. Also Fehlanzeige. Nun blieb nur eins: Abwarten, was nach Schulschluß zu tun wäre.

Fred malte sich aus, wie Tanja vor dem Schultor auf ihn wartete und sagte: Da bist du ja endlich, es war ja schlichtweg unmöglich, heute vormittag an dich heranzukommen. Komm, wir gehen erst einmal zu mir nach Hause Mittag essen und starten dann die Fahrradtour, gebongt?

Aber nichts war gebongt. Die Wirklichkeit klopfte nüchtern an. Fest stand lediglich, daß die Musik jetzt wieder spielte und daß er, mit Nele Hasel an der Hand, vorwärts zu marschieren hatte. Und links herum, und die Doppelpaare teilen sich, und am Ende finden sich alle wieder zusammen. Ja, so ungefähr könnte es klappen, aber wir müssen noch üben, üben, üben. So lauteten die Kommentare von Frau Schier, immer wieder unterbrochen von heftigem Händeklatschen.

Irgendwann meldete sich der Pausengong, und alle rannten in die Klasse zurück, um sich ihre Scouts zu schnappen.

Hier fiel es Fred ein, daß er Frau Schier die Einladung für die Klasse 4 c noch nicht überreicht hatte, die, von Mama unterschrieben, in der Innentasche seines Scouts steckte. Eile war geboten, denn alles strömte auf einmal zum Ausgang.

Frau Schier zeigte sich höchst erfreut und bekundete ungemeines Interesse an dieser Sache, was zu erwarten gewesen war. Aber ihre begeisterten Worte, die sie Fred in überschwenglicher Freundlichkeit widmete, gingen unter in der Aufbruchstimmung.

„Wir sprechen morgen noch einmal ausführlich darüber!" rief sie ihm hinterher, als Fred schon fast zur Tür hinaus war. Er hatte es eilig, denn ganz gewiß wartete Tanja schon vor dem Schultor auf ihn.

Das Schicksal wollte es anders. Das Schicksal hatte zwei Mädchen ganz einfach ausgetauscht und statt Tanja Nele Hasel vor das Schultor gestellt. Und so kam es, daß Fred wütend mit dem Fuß aufstampfte und „dumme Kuh!" fauchte, was Nele Hasel entweder nicht mitbekam oder mit gleichgültiger Miene herunterschluckte. Sie war sogar so abgebrüht, daß sie ihm jetzt zum Fahrradständer folgte, wo er sein lädiertes Fahrrad aufschloß und mit schlürfendem Hinterrad über den Schulhof schob.

So was von Treue und Anhänglichkeit, überlegte er dabei und schielte verstohlen auf das Mädchen, das nicht von seiner Seite wich. Sollte man darüber eigentlich glücklich sein, oder sollte man sich die Wut in den Bauch ärgern? Egal, es mußte ausgehalten werden. Lieber Nele Hasel, als einsam und verlassen in Gram versinken.

Sie trafen Tanja mit einigen anderen an der Kaufhausecke, wo sie sich schnell noch ein neues Heft gekauft hatte. Er schob Nele sein Fahrrad zu und rannte zu den anderen hinüber.

„Sag mal", wandte er sich an Tanja, die sofort wußte, was anlag und ihn gar nicht erst weiterreden ließ.

„Ach, richtig, du, nimm es mir nicht übel, Fred." Sie zeigte hinüber zu seinem Rad mit dem platten Hinterreifen.

„Ich . . . das ist so . . . " Sie geriet ins Stottern und fand erst langsam ihre Sprache wieder. „Ich habe in der Pause den Plattfuß an deinem Hinterreifen entdeckt und mir gedacht, daß aus der Sache nichts wird. Und da hat sich der Oli, ich meine, der Oliver hat sich nun bereit

erklärt, mit mir zu üben, weil doch dein Rad kaputt ist."
Sie wartete ab, wie Fred reagierte.

Eine Pause machte sich breit.

„Sauer?" fragte sie, weil er nur stumm guckte.

Ablenkung verschaffte ein Feuerwehrauto mit Martinshorn; das war in der Tat eine wichtigere Sache als solch dummes Geschwätz um Fahrrad und Nachmittagsprogramme. Jedenfalls rannte die ganze Schar hinüber zum Marktplatz, wo sich herausstellte, daß es sich bei dem ganzen aufregenden Tatütata lediglich um eine Übung handelte. Nur Fred betrachtete das Treiben aus der Ferne. Tanjas Abfuhr hatte ihn so schockiert, daß ihn nicht einmal ein Feuerwehrauto mehr interessierte. Von mir aus kann die ganze Welt abbrennen, dann wäre wenigstens nichts mehr da, dachte Fred. Und ihm fiel auf, daß es mitunter richtig guttut, wenn man sich der Gleichgültigkeit hingibt und einem alles piepegal ist. Nur so waren wohl im Leben einige Hürden zu nehmen.

Er schob sein Rad die Hauptstraße hinunter. Hinter dem Marktplatz wußte er eine Reparaturwerkstatt, bei der Papa auch öfter was machen ließ. Dort würde er um schnellstmögliche Wiederherstellung seines Hinterrades bitten und sich dann etwas einfallen lassen, um diesem Nachmittag doch noch etwas Gutes abzugewinnen.

Er brauchte sich nicht lange mit der Vorstellung zu plagen, wie die Lücke, die Tanja in das Nachmittagsprogramm gerissen hatte, auszufüllen wäre. Unten an der Straße traf er Nele und Sina. Und als die beiden ihn mit freudigem Hallo begrüßten, fand er mit einem Mal, daß sie doch recht freundliche Mädchen und prima Kumpel seien. Wieso war er für diese Erkenntnis bisher eigentlich blind gewesen?

Zwei, die wahrscheinlich mit einem durch dick und dünn gingen, die immer da waren, wenn man sie brauchte. Wenn man die erste Garnitur nicht kriegt – er dachte mit leiser Wehmut an Tanja – dann nimmt man halt die zweite. Und so fiel es ihm nicht schwer, die beiden heute nachmittag in die Eisdiele einzuladen. Ein Vorschlag, der mit einem Jubelschrei begrüßt wurde. Also fünfzehn Uhr, man bittet um Pünktlichkeit.

Auf dem Weg zur Werkstatt kam Fred an einer Pommes-Bude vorbei. Da Tanja auch die Einladung zum Mittagessen in ihrem Elternhaus einfach beiseitegeschoben oder vergessen hatte, kaufte er sich eine Portion rot-weiß, aber es mußte festgestellt werden, daß die Pommes wie in Streifen geschnittenes Leder schmeckten. Dieser Vergleich drängte sich ihm auf, als er in der Werkstatt, hungrig die rot-weiß bestippten Kartoffelstangen hinunterschlingend, der Reparatur des Hinterreifens zuschaute, was eigentlich superleicht war und ganz fix von der Hand ging und nicht einmal sofort bezahlt zu werden brauchte, weil der Chef der Firma Papa kannte und die Sache notieren wollte.

So schaffte es Fred, daß das Geld in seiner Federtasche heute nachmittag der Bestimmung zugeführt werden konnte, für die er sein Sparschwein geschlachtet hatte, wenngleich man sich an dem Tisch in der Eisdiele Venezia nun eine andere Besetzung vorzustellen hatte, als ursprünglich geplant gewesen war.

Als er mit Nele und Sina pünktlich um drei vor der Eisdiele eintraf und sein funkelndes Rennrad mit dem ansehnlich prallen Hinterreifen in den Ständer parkte, galt es, mit einer neuerlichen Überraschung an diesem Tage fertig zu werden.

Drinnen saß fast vollzählig versammelt die Klasse 4 c und begrüßte die Neuankömmlinge mit lautem, fröhlichem Hallo, als hätten sich alle gemeinsam hier verabredet und als sei es die selbstverständlichste Sache von der Welt, daß Fred hier mit den beiden Mädchen auftauchte.

Es wurde bereitwillig Platz gemacht, wobei – wie auf unsympathische Weise festzustellen war – Oliver noch dichter an Tanja heranrückte. Sie diskutierten zunächst die Fahrradprobefahrten durch die verkehrsreichsten Straßen der Stadt, an der nicht nur Tanja und Oliver sich beteiligt hatten, sondern der größte Teil der Klasse.

Nun wurde anerkennend festgestellt, wie tapfer sich Tanja mit einem Arm gehalten hatte, nur einmal, so war zu vernehmen, hatte es beim Linksabbiegen Schwierigkeiten gegeben. Wie kann man den linken Arm ausstrecken, wenn man keinen hat? Es wurde gelacht und ausgelassen herumgealbert.

Fred setzte sich mit Sina und Nele an das Ende der Eckbank, wobei es zu einem Gedrängel kam, denn Tanja, die genau in der Mitte der langen Reihe neben Oliver saß, war aufgestanden und versuchte, über die Knie der anderen hinweg an das Ende zu gelangen. Nach sehr viel Unruhe und Geschiebe war sie endlich dort gelandet, wo Fred jetzt aufgestanden war, um sie aus der Reihe herauszulassen.

„Komm mal mit", flüsterte sie ihm zu, „ich muß dir unbedingt etwas sagen, was die anderen nicht hören sollen."

Tanja rief den anderen zu, daß sie draußen mal nachschauen wolle, ob ihr Fahrrad überhaupt angeschlossen sei, und dann zog sie Fred mit sich, was kein besonderes Aufsehen erregte.

Am Fahrradständer angekommen, gestand Tanja, daß sie geschwindelt habe, ihr Rad sei vorschriftsmäßig angeschlossen.

„Es tut mir wahnsinnig leid", begann sie, „diese Sache von heute morgen."

Fred erwiderte nichts. Er wußte auch nicht, was es für ihn darauf zu sagen gäbe.

„Wie man sieht, ist dein Fahrrad wieder heil", stellte sie fest. Dann schlich sich eine längere Pause ein.

„Du, ich habe eine Idee. Ich glaube, ich hab's dir am Telefon schon angedeutet."

Fred nickte.

Ja, er erinnerte sich. Na klar. An jedes einzelne Wort von Tanja erinnerte er sich.

„Was hältst du davon, wenn ich morgen mal zu dir hinauskomme auf den Dolmenhof?" fragte sie, und in ihren Augen tanzten lustige Fünkchen. Als Fred mit der Antwort zögerte, weil er sich zwischen einem Jubelschrei und einem gelangweilten „Nein danke" nicht entscheiden konnte, haute ihm Tanja auf die Schulter. „Mensch, steh doch nicht so da, als hätte dich etwas gebissen. – Übrigens – " sie schaute hinein zu den anderen, „du gibst dich ja sehr spendabel, daß du Sina und Nele zu einem so teuren Hawaiibecher einlädst. Ich hab's genau mitbekommen, daß sie den nicht selbst bezahlen. Sag mal", fügte sie hinzu, „ist es nicht sinnvoller, sein Geld in den Teich zu werfen? Da hört man es wenigstens plumpsen."

„Find' ich nicht", preßte Fred hervor. „Ich finde die beiden sehr nett." So, das sollte Tanja schlucken. Er war ungeheuer stolz, daß er sich zu diesem Satz durchgerungen hatte.

„Nun gut. Also bis morgen nachmittag auf dem Dolmenhof." Sie zögerte. „Wenn es dir nicht paßt, dann sag's lieber gleich. Immerhin wird es mich einige Anstrengungen kosten, mit nur einem Arm dorthin zu radeln."

„Es ist schon in Ordnung", versuchte Fred möglichst gleichgültig einzuwilligen.

„Außerdem sehen wir uns ja morgen vormittag noch in der Schule. Da kannst du ja notfalls wieder absagen."

So, das war heraus. Und zufrieden stellte er fest, daß die Sache eins zu eins stand. Man kann schließlich nicht, auch wenn man ein Mädchen noch so gern hat, mit verschleiertem Kopf herumlaufen und sich Gott weiß was gefallen lassen.

***

Der Rest des Nachmittags in der Eisdiele gehörte Oliver Schnoor, so durfte wohl behauptet werden. Er hatte wieder einmal sämtliche Mädchen auf seiner Seite, auch Sina und Nele, und das fand Fred deshalb so verdammt ungerecht, weil ihm der Ober schließlich eine dicke Rechnung für zwei Hawaiibecher vorlegte und ein bescheidenes Gemischtes ohne Sahne, das er sich selbst gegönnt hatte.

Oliver rief den Ober herbei und fragte, ob er nicht mal für alle gemeinsam, für die gesamte Klasse 4 c, einen Rieseneisbecher fabrizieren könnte. Er wüßte auch schon einen Namen. Hexenbecher! Obendrauf eine Hexe, die auf einem Besen reitet? Und das war wieder einmal Anlaß für die fast vollzählig versammelte 4 c, zu wiehern, bis ihnen die Bäuche wehtaten.

Nur eine lachte nicht mit, und das war Tanja. Ihr Verhalten gab Fred Rätsel auf. Tanja hatte sich still und besonnen an das Ende der langen Bank gesetzt und blickte hin und wieder zu ihm, Fred, hinüber. Werde einer aus den Mädchen schlau, dachte er, erst versetzen sie dich, und dann werfen sie dir mit ihren Blicken Rätsel herüber, die man absolut nicht knacken kann. Mal sehen, was die Tanja morgen auf dem Programm hat. Wie süß sie aussieht, dachte Fred außerdem, ich glaube, ich bin ganz enorm verknallt in sie, egal, was sie sich mit ihren Launen so alles leistet.

Da blinkt etwas im Hünengrab

Es war einer der Sommerabende, an denen es so früh dunkel wird wie im Herbst. Von Westen zogen Wolken auf, und dann blieb da eine dunkle Wetterwand stehen, als wollte sie niemals mehr weichen.

Fred hatte sein Zimmer aufgeräumt und eine Tüte Gummibärchen aufgemacht, die er sorgfältig in einer kleinen Glasschale sortierte. Im Schrankregal standen zwei Colaflaschen, schon aufgekorkt und mit Strohhalm versehen.

Es sah ganz so aus, als erwartete Fred Kruzinna an diesem Nachmittag Besuch. Schnell noch die Textaufgaben in Mathe für morgen. Seite 175, Nummer 12 bis 15. Richtig, sie sollten noch die fünf DM für die Bastelkasse im Kunstunterricht mitbringen; darum würde er Mama später bitten.

Er stand unruhig auf und schaute aus dem Fenster seines Dachjuchhes. Tanja hatte keinen genauen Zeitpunkt genannt, wann sie kommen wollte.

Ob sie überhaupt käme? Dumme Zweifel machten sich breit, und dabei hatte sie doch heute morgen in der großen Pause ausdrücklich erklärt, daß er sich dieses Mal auf sie verlassen könne. Dieses Mal, hatte Tanja betont, und das hatte überzeugend geklungen. Fred lehnte sich aus dem Fenster. Hoffentlich fängt es nicht an zu regnen, dachte er und streckte die Hand hinaus. Nein, es fielen keine Tropfen.

Dann prüfte er die Windrichtung. Das war einfach, denn auf der alten Scheune drüben, auf dem Dach des Heimatmuseums Dolmenhagen, stand eine Wetterfahne, die ihm anzeigte, daß Tanja mit dem Wind im Rücken radeln würde.

Ein Supermädchen, überlegte Fred und träumte jetzt in die weite Landschaft hinaus. Wer hat schon so viel Mumm sich mit einem gebrochenen Arm auf sein Fahrrad zu schwingen und 6 Kilometer weit zu fahren, noch bei diesem Wetter?

Das Radeln selbst war vielleicht gar keine so große Kunst, aber das Starten und Stoppen umso mehr. Gut, daß Papa eingewilligt hatte, Tanja heute abend mit dem Auto zurückzufahren, das Fahrrad hinten im Kofferraum.

In der Ferne tobte die Brandung der Ostsee. Man hörte das dumpfe Rauschen, das mit dem Wind zu einem Orchester der Naturgewalten verschmolz. Die dunkle Wand stand immer noch im Westen, und eine fahle Nachmittagsdämmerung legte sich über das weite, flache Land.

Ganz fern erkannte man eine Gruppe Radfahrer, gefolgt vom einsamen Radler, der wohl abgehängt worden war. Sicher waren die auf dem Weg hinunter zur Küste. Landschaftskundige Sommergäste wußten, wo es am einsamsten und schönsten war. Aber nur wenige von ihnen wußten auch, wo das Hünengrab lag, denn es war verborgen in einer Anpflanzung, die sich wie eine kleine Bauminsel mitten in den wogenden Getreidefeldern ausnahm. Die Anpflanzung war vom Feldweg her nicht einsehbar. Aber vom Dolmenhof aus, genauer gesagt vom Dachjuchhe des Fred Kruzinna, erkannte man das ganze kolossale Geheimnis aus der prähistorischen Zeit bis ins kleinste Detail.

Man sah von hier aus die großen Felsblöcke, die auf

dem kleinen Hügel ruhten, und wenn man ein Fernglas zur Hand nahm, dann konnte man sogar das dunkle Eingangsloch erkennen, in dem Tanja damals herumgestochert hatte, um die Gespenster aufzuscheuchen.

Fred blickte hinüber. Einsam und friedlich lag es da, das Hünengrab. Die Erlen und Eschen standen wie große Wächter davor und neigten ihre Baumkronen mit dem Wind, der von See her kräftig in das Land hineinfuhr.

Die Radler waren verschwunden, nur der Nachzügler, gerade noch als Punkt in der Landschaft auszumachen, mühte sich ab gegen den Wind.

Fred schloß das Fenster bis auf einen kleinen Spalt. Drüben auf der anderen Seite des Raumes, wo die große Linde das Laub ihrer Krone dicht an die Scheiben drängte, kratzten jetzt die Zweige wie Geisterhände.

Es galt, schnell die Schulsachen für morgen zu packen. Danach sollte man vielleicht einmal hinuntergehen und vor der Haustür nach Tanja Ausschau halten.

Fred kam genau in dem Augenblick auf den Hof hinaus, als ein Mädchen mit zerzaustem Pferdeschwanz und hochroten Wangen um die Ecke bog. Jetzt hielt es mit einem Grätschensprung an und stoppte das Fahrrad, ein wahrhaft meisterliches Kunststück, aber nicht ungefährlich mit einem Arm.

Tanja keuchte und atmete wie eine Leistungssportlerin erst einmal tüchtig aus, wobei sie sich weit vornüber beugte. Sie entschuldigte sich mit einem verlegenen Blick für den Schmutz, der an ihren Turnschuhen klebte. Sie hatte ihrer Mutter beim Aufgraben der ersten Frühkartoffeln im Garten geholfen, lautete die Erklärung.

„Man, habt ihr einen Wind auf dem Land", stellte sie fest und ließ sich von Fred das Fahrrad abnehmen. Dann schaute sie sich um und meinte anerkennend, daß sich der Dolmenhof ganz schön gemausert hätte, seit sie das letzte Mal hier gewesen sei.

Der Wandertag mit dem Ziel des Heimatmuseums wurde kurz gestreift, dann eilten sie die Treppe ins Dachjuchhe hinauf, wo Tanja es ganz famos fand, daß Fred für eine Erfrischung vorgesorgt hatte. Sie ließ sich in den Schaukelstuhl plumpsen und stellte fest, daß sie von der Fahrt mit nur einem Arm doch ganz schön kaputt sei.

„Hast du Kassetten?" fragte sie und suchte das Regal nach passender Unterhaltung ab. Oh, da lag genug Auswahl.

„So also wohnst du", stellte sie mit einem prüfenden Blick durch das Zimmer fest. „Du hast ja enorm viel Platz hier, fast für eine ganze Schulklasse." Sie stand auf und betrachtete die Poster, die Fred aus Liebe zu Alf, Duffy Duck und Winnetou an die Zimmerwände gepinnt hatte.

Aus dem Kassettenrecorder dudelte der Einleitungsgesang der TKKG-Bande.

Wie zufällig trat Tanja ans Fenster und spähte hinaus. „Stürmischer Tag heute, was? Schade, bei dem Wetter ist ja ein Ausflug zum Hünengrab unmöglich."

„Wieso?" fragte Fred. Er reparierte gerade eine Ecke des Alf-Posters an der Wand über seinem Bett. Die riß immer wieder ab, weil Mama genau an dieser Stelle jeden Morgen die Zudecke aufschüttelte.

„Vielleicht gehen bei diesem Wetter die Rauhgeister

um. Meine Mutter sagt immer, bei Sturm poltern die Gespenster", phantasierte Tanja.

„Wenn man daran glaubt, dann mag das wohl sein", war Freds Bemerkung dazu. Alfs Poster war wieder repariert.

Mit einem Ruck drehte Tanja sich um, gerade, als Fred den Kater Franco unter seinem Bett hervorzerrte, der es sich dort wieder einmal gemütlich gemacht hatte.

„Was ist denn das?" staunte sie, aber man merkte, daß sie eigentlich etwas ganz anderes hatte sagen wollen.

„Das ist Franco", stellte Fred den Vierbeiner vor. „Er hat es wieder mal geschafft, sich Zugang zu meinem Bett zu verschaffen."

Tanja war entzückt und streichelte Francos Schnurrhaare. „Daß Katzen immerfort schlafen", überlegte sie, „der ist ja immer noch hundemüde."

„Katzenmüde", verbesserte Fred, und schob Franco zurück unter das Bett. „Katzen haben kleine Herzen, deshalb schlafen sie so viel." Er war richtig stolz auf so viel Bildung.

„Hast du vorhin etwas sagen wollen?" nahm er den Faden wieder auf.

Tanjas ruckartige Umdrehung vom Fenster weg fiel ihm ein. Sie tat so, als mußte sie lange überlegen und saugte an ihrem Strohhalm, der in der Colaflasche immer wieder hochhopste. „Es fiel mir nur so ein, wie gemein sich der Oliver dir gegenüber benimmt." Sie nahm noch einen Schluck und stellte die Flasche zurück ins Regal.

„Wenn nur jemand aus der Klasse mal den Mut hätte,

dem Oliver ein Bein zu stellen, der hätte es mal verdient, daß ihm jemand das vorlaute Mundwerk gründlich stopft."

Fred druckste herum und drehte die TKKG-Kassette um. „. . . eigentlich haben wir uns früher immer prima verstanden, der Oli und ich. Es ist erst so schlimm gekommen, als er mich dir, ich meine, als er mir dich . . . ach, Quatsch."

Er klopfte sich mit der flachen Hand auf den Kopf, um seine Gedanken zu ordnen. „Also: Der Zoff ging erst richtig los, als Oliver Schnoor Fred Kruzinna das Mädchen weggeschnappt hat, mit dem der eigentlich zum Kinderfest gehen wollte." So hatte er geschickt mir und mich, Dativ und Akkusativ umschrieben, eine feine Sache.

„Ach so", hauchte Tanja, als sähe sie die Sache aus dieser Sicht zum erstenmal. Natürlich schlüpfte sie dabei in eine perfekte Schauspielerrolle.

„Aber das hat sich halt so ergeben mit dem Oli und mir", versuchte sie das Problem dem Zufall zuzuschieben. „Im Grunde habe ich darauf gewartet, daß du mich fragen würdest. Aber du hast keinen Piep gesagt." Sie spielte ein bißchen die Beleidigte.

Fred wollte energisch protestieren, aber Tanja drückte ihn zurück in den Sessel. „Wenn du niemals einen Schritt auf eine Sache zu tust, dann kannst du nicht erwarten, daß sich die Dinge von selbst regeln, da mußt du damit rechnen, daß man sie dir vor der Nase wegschnappt", stellte sie weise fest.

„Du mußt dir ganz einfach mal ein bißchen mehr Pep zulegen", riet sie dann, wie eine lebenserfahrene Urgroßmutter.

So, das war heraus. Das hatte sie Fred Kruzinna schon längst einmal sagen wollen. Schließlich diente dieser Rat nur seinem eigenen Wohl.

„Mein Papa sagt immer: Jetzt krempeln wir mal die Ärmel auf und üben den Angriff auf die Probleme", meinte sie naseweis, und augenblicklich hatte sie eine ganz famose Idee. Sie kramte nach einem Zeichenblatt auf dem Schreibtisch und angelte sich einen roten Filzstift. Dann schrieb Tanja mit Riesenbuchstaben folgendes darauf: Ärmel hoch und ran an die Probleme! — Dahinter setzte sie ein dickes Ausrufezeichen und pinnte das Blatt neben der Postergalerie an die Wand über seinem Bett.

„Morgens und abends gründlich hinschauen und lesen", mahnte sie wie ein Professor von der medizinischen Akademie. „Dann pflanzt sich der Spruch ganz von selbst ein."

Die Kassette war jetzt zu Ende, und eine merkwürdige Stille machte sich im Dachjuchhe breit. Nur der Wind heulte, und die Gespensterhände der alten Linde kratzten immer noch an der Fensterscheibe.

Tanja lehnte sich zum offenen Fenster hinaus. „Mich wundert's, daß es gar nicht regnet."

Plötzlich stockte sie. „Du, Fred, komm mal." Er drängte sich an das Fenster. „Siehst du es auch?"

„Was denn? Den dunklen Himmel, die zerzausten Felder, den tanzenden Pfeil der Wetterfahne auf dem Scheunendach?"

„Quatsch", fuhr sie ungeduldig in die Aufzählung. „Dort, schau, da flackert ein Licht im Hünengrab!"

Fred beugte sich vor. Ihm stockte der Atem. Wahrhaftig, da blinkte etwas zwischen den Felsblöcken. Fast sah es aus wie das Blinkzeichen eines Leuchtfeuers, kurz, lang, kurz, lang.

„Das ist ja echt cool", stellte er fest.

„Cool?" entrüstete sich Tanja mit belegter Stimme. „Du, das ist schaurig. Ich wette, da tut sich etwas ganz Unheimliches in der alten Grabkammer."

Fred rannte hinunter, um ein Fernglas zu holen. „Bin auf der Stelle zurück!"

Derweil starrte Tanja fasziniert hinaus in die Weite der Landschaft. „Nun geht es also los", seufzte sie tief und nicht ohne Schrecken in der Kehle. Aber das hörte Fred natürlich nicht.

„Nun geht es also los", wiederholte sie, als er zurück war. „Ich hab's ja immer geahnt, daß sich in dem alten Hünengrab irgendwann etwas regen würde."

Fred wollte nicht ohne weiteres ein Opfer der Gespenster werden. „So was gibt's doch nicht", gab er zu bedenken und drehte an dem Fernglas, aber seine Hoffnung wurde zunichte. Für einen Augenblick hatte er an eine Sinnestäuschung geglaubt. Daß vielleicht Sonnenstrahlen in die alte Grabkammer fielen, so was gibt es doch, und dann eine Reflektion, irgend etwas, das mit dem Schauspiel von Naturgewalten zu tun hatte und weniger mit dem von Gespenstern. Aber die Sonne konnte nicht im Spiel sein, die hatte sich immer noch versteckt hinter dunklen Wolken.

„Laß mich mal", bat Tanja, und Fred gab ihr das Glas.

„Kein Zweifel", stellte sie fest, „da flackert ein Licht im Hünengrab."

Fred drehte sich unschlüssig um sich selbst. Vielleicht

die Touristen? . . . ja, das könnte des Rätsels Lösung sein. Er erzählte Tanja von den Radlern, die er vorhin dort unten in der Gegend gesehen hatte. Vielleicht hatten die ein Feuer angemacht?

„Ein Lagerfeuer, wie?" höhnte sie. „Das wäre in der Tat eine rattenscharfe Angelegenheit. Ein Lagerfeuer im Hünengrab, und dann hinein mit Bratwürsten und Pellkartoffeln. Na, guten Appetit!" Sie schüttelte sich.

Fred mußte lachen, obgleich die Situation nicht danach gemacht war.

„Aber es muß schließlich ein Geheimnis dahinter stecken", gab er zu bedenken.

Das sei eine äußerst schlaue Feststellung, meinte Tanja. Dann wies sie auf den Spruch neben den Postern an der Wand.

„Lies mal", forderte sie ihn auf. Und Fred kuschte wie vor einer lebenserfahrenen Urgroßmutter: „Ärmel hoch und ran an die Probleme!"

„Das ist in diesem Fall gar nicht so einfach, nicht wahr?" sorgte sich Tanja.

„Du", fragte Fred mit nachdrücklichem Unterton, „weißt du, was Okkultismus ist?"

„Null Ahnung", gestand sie.

„Okkultismus ist die Lehre von den verborgenen, geheimen Dingen. Ich fürchte, wir werden uns ein wenig damit befassen müssen."

„Und ins Reich der Geister hinabsteigen?" wollte sie wissen.

„Genau das." Fred nickte heftig mit dem Kopf.

Tanja war wohl nicht so ohne weiteres bereit, sich auf den Weg zur Hölle zu machen. Sie druckste am Fenster herum, worüber Fred sich wunderte. Ein so kesses Mädchen, das die Nase immer vorn hatte und nie um die Lösung eines Problems verlegen war?

„Nun, was ist?" staunte er, als er schon an der Tür stand, zwei Paar Gummistiefel in der Hand, die man für den Weg über die Felder brauchen würde. „Du wirst dich doch nicht davor fürchten, einem hübschen kleinen Gespenst mit einem Flackerlicht in der Hand in seiner Gruft guten Tag zu sagen?"

Tanja verschränkte ängstlich die Arme vor der Brust und zog den Kopf ein.

„Lies mal", ermunterte Fred sie und wies auf das Blatt Zeichenpapier an der Wand.

Tanjas Stimme zitterte. „Ärmel hoch und ran an die Probleme!" stotterte sie.

Als er energisch zum Aufbruch drängte, fiel ihr plötzlich ein, daß der Arm fürchterlich zu schmerzen begonnen hatte. „Da wird doch wohl nichts passiert sein?" wimmerte Tanja und stellte sich als regelrechte Jammertante vor, als die sie Fred noch niemals erlebt hatte.

Er stellte die Gummistiefel hin und zögerte. „Ich denke, der Arm ist im Gips. Da kann doch nichts passieren", wunderte er sich. Ratlosigkeit machte sich breit.

Tanja schaute nervös auf ihre Armbanduhr. Fred fragte, ob sie die Uhrzeit festhalten wolle, um vielleicht der Zeitung eine Meldung durchzugeben: Heute nachmittag um sechzehn Uhr dreißig meldeten sich die Geister im Hünengrab von Dolmenhof mit einem gespenstischen Flackerlicht?

Tanja schüttelte wild den Kopf. „Nein, das ist es nicht", beteuerte sie.

Von unten drang in diesem Augenblick eine ungewöhnliche Geräuschkulisse herauf, die langsam anschwoll zu einem Stimmengewirr, das einem irgendwie vertraut war.

Fred drängte ans Fenster, riß es auf und schaute in den Hof hinunter. „Ich glaube, mein Hamster bohnert", beschrieb er die Situation dort unten mit fünf nüchternen Worten. „Siehst du es auch?"

Natürlich bot sich Tanja das gleiche Bild. Sie wurde auf merkwürdige und hektische Art nervös. „Das verstehe ich nicht", beteuerte sie mehrfach und sah Fred beschwörend an. Er mußte es ihr glauben, bitte, sie hatte das Theater nicht inszeniert. Es gab nur eine Lösung dafür: Sie hatte gestern in der Eisdiele von dem Hünengrab erzählt, daß es dort vielleicht ein Geheimnis gäbe. Und daß sie morgen zum Dolmenhof radeln würde. Ihre Worte überschlugen sich. „Wie konnte ich denn ahnen, daß heute tatsächlich die alten Geister in dem Grab aufwachen!" rief Tanja empört und war fast dem Heulen nahe.

Sie stieg jetzt in die Gummistiefel, die Fred ihr wortlos hinhielt. Tanja schnaubte. „Im Fernsehen ist so was immer ganz einfach und logisch", jammerte sie, „da nimmt man es einfach hin, wenn Geister tanzen und Lichter flackern und eine Horde Menschen auftaucht, mit der man nicht gerechnet hat. Aber so, in der Wirklichkeit sieht alles ganz anders aus."

Gerade als Fred die Treppe hinunterstürmen wollte, um vor allem Olivers rundes Gesicht gar nicht erst grinsen zu lassen, wenn er Tanja und ihn oben allein im Dachjuchhe entdecken würde, kam ihm die erste Mannschaft der 4 c entgegen. Der Rest saß, wie dem Geschnatter nach zu vermuten war, mit Frau Kruzinna in der Küche und klapperte mit Gläsern und Tellern.

„Hei!" rief Oliver und klammerte sich keuchend an das Treppengeländer. „Da sind wir."

Es war das erste Mal, daß Fred in seinem Gesicht das alte vertraute Lachen eines Freundes wahrnahm. Aber es huschte nur wie ein flüchtiger Schatten über Olis Gesicht und konnte wohl wie eine trügerische Einbildung verwischt werden, weil Oliver sich jetzt die Frage genehmigte, ob er mal nachschauen dürfe, ob die Tanja oben in dem berühmten Dachjuchhe sitze?

Die anderen grinsten.

Es waren die Mädchen, Kati, Sina, Melli, Jeannette und Sarah, die die Situation retteten. „Irre nett von dir, Fred, daß du uns eingeladen hast. Danke."

Fred stutzte. Empört wollte er protestieren, aber dann entschloß er sich doch lieber für ein müdes Schulterzucken.

Dabei überlegte er blitzschnell, wer ihm diese Sache wohl eingebrockt haben konnte. Vielleicht doch Tanja?

Oliver war jetzt mit der gründlichen Bearbeitung eines Kaugummis in seinen Backentaschen beschäftigt und tuschelte mit den Mädchen. Hatte Tanja die gesamte Klasse 4 c hierher geschickt? Aber warum, warum nur? Wollte sie Fred Kruzinna und Oliver Schnoor miteinander versöhnen?

Unsinn, Tanja schied aus der Riege der Verdächtigen aus.

. . . vielleicht hatte Oliver gar selbst den Streich inszeniert, die anderen aufgewiegelt: Kommt, wir schauen uns mal an, was es mit seinem sagenhaften Hünengrab auf sich hat, wir überfallen einfach mal den Dolmenhof mit unserem Besuch. Und dann könnt ihr euch endlich ein Urteil bilden, wer mehr Action auf die Waage bringt, der Fred mit seinem lächerlichen Steinaltergrab oder ich mit meinen Hexengeschichten . . .

So wird es sich zugetragen haben, überlegte Fred blitzschnell, während er Oliver von Kopf bis Fuß fixierte, wie einen Gegner, der einen zum Kampf gefordert hatte und an dem es vor Antritt des Duells Maß zu nehmen galt.

„Nun", hörte er Oliver, „willst du uns nicht in dein Zimmer bitten?"

Es war ein glücklicher Zufall, daß unten die Küchentür aufgestoßen wurde und der Rest der 4 c im Türrahmen erschien. Frau Kruzinna hatte sich großzügig erwiesen. Alle saugten an einer Flasche, hatten wohl die Getränkekisten tüchtig geplündert.

„Hallo Fred, super, dieses Haus!" meinten sie anerkennend. Und einige steckten den Kopf zum Fenster des Flurs hinaus. Von dort aus konnte man hinüberschauen zur Scheune. „Das Museum ist ja schon fertig!" riefen sie, weil sie den Schriftzug über dem Eingang entdeckt hatten. „Scharf, dann können wir ja bald den Klassenausflug starten."

„Haben wir doch schon, den Klassenausflug gestartet!" piepste eines der Mädchen. Fred wollte ihr einen dankbaren Blick zuwerfen, weil es dieselbe Stimme war, die zuvor super! gerufen hatte, und er meinte, daß es sich um Nele Hasels piepsiges Organ gehandelt hatte, aber das war ein Irrtum. Er erkannte ganz hinten Corinna.

Flüchtig ließ er den Blick über die Köpfe schweifen und stellte fest, daß Nele Hasel gar nicht mit war. Vermutlich hatte sie ihre sorgsam gezupfte Haarschleife nicht den stürmischen Naturgewalten dieses Sommertages aussetzen wollen. Merkwürdig, daß Fred an Nele dachte. Vielleicht lag es daran, daß sie ihm immer eine verläßliche Stütze in unangenehmen Situationen war. Und eine unangenehme Situation war diese hier ganz gewiß.

Wollte Mama ihm denn nicht wenigstens zur Seite springen und die ganze Horde in die Küche rufen? Da waren doch sicher noch irgendwo ein paar Kekse aufzutreiben, mit denen man die schnatternden Münder stopfen könnte. Und wer ißt und kaut, der fragt nicht so viel dummes Zeug. Zum Beispiel, wo denn die Tanja stecken mochte.

Aber Mama war gerade auf dem Weg hinüber zur Scheune. Das konnte Fred jetzt deutlich über die Köpfe hinweg erkennen. Es hieß also – nun, wie hieß es? Was hatte Tanja ihm vorhin an die Zimmerwand gepinnt? Ärmel hoch und ran an die Probleme!

Er bat sie folglich, weil es kaum einen besseren Ausweg gab, hinauf in das Dachjuchhe. Schicksal, nimm deinen Lauf, diese Worte spazierten durch seinen Kopf, in dem alle Gedanken mit einem Mal verrückt spielten und sich überschlugen, ganz einfach Purzelbäume schossen. Es war festzustellen, daß einen das Kopfheisterschießen von Gedanken und Gefühlen ganz einfach außer Gefecht setzen konnte, daß man letztlich zu keinem vernünftigen Entschluß mehr fähig war.

Sie stürmten an ihm vorbei die Treppe hinauf, während Oliver sich immer noch an das Treppengeländer krallte und seinen Kaugummi mit den Zähnen behämmerte. Dabei fiel es Fred ein, daß Oli eigentlich gar keine Kaugummis kauen durfte, weil er doch unten eine fest einzementierte Zahnklammer trug. Fred grinste. Er fragte Oliver, ob sich der Kaugummi heute nicht mehr, wie zu Beginn ihrer Freundschaft, in dem Draht des Unterkiefers verfange?

„Nö", nuschelte Oliver, aber er entschloß sich doch blitzschnell, das klebrige Ding aus dem Mund zu nehmen und unter das Treppengeländer zu drücken. Dann haute er Fred eins auf die Schulter und zog sich die Treppe hinauf.

Fred fühlte sich zwar überrumpelt von der großen, überwältigenden Besucherhorde, aber als er jetzt als letzter in sein Zimmer kam, spürte er plötzlich, wie sich die purzelbaumschlagenden Gedanken in seinem Kopf langsam ordneten. Das mochte daran liegen, daß Tanja wie der Kapitän einer Schiffsmannschaft am Fenster stand und das Fernglas reihum gehen ließ. Eine regelrechte Menschentraube, genau gesagt zweiundzwanzig Köpfe der Klasse 4 c – Nele Hasel war, wie jetzt endgültig festzustellen war, der Expedition ferngeblieben – drängte sich an das Fenster des Dachjuchhes, das in Richtung Hünengrab ging. Und dort schob sich jetzt Oliver Schnoor vor und blinzelte mit angehaltenem Atem in die weite Ferne. Die anderen verfielen in Flüsterton; die schnatternde Geräuschkulisse war abgeebbt, weil jeder auf Olivers Urteil wartete, was es mit dem von Tanja verkündeten Flackerlicht am Hünengrab dort draußen in Wahrheit auf sich hätte.

Oliver würden sie glauben. Der war der Experte in Sachen Geister, Hexen und Unterwelt, der wußte etwas von den Geheimnissen des Gespensterlebens. Wenn Oliver sich jetzt zu der Feststellung herabließe: Alles Quatsch, dann würde sich die gesamte Klasse 4 c vom Fenster wegdrehen und nachplappern: Alles Quatsch.

Würde sich Fred Kruzinna zuwenden und ihm einen Vogel zeigen und enttäuscht den Dolmenhof verlassen.

Aber Oliver sagte etwas ganz anderes als: Alles Quatsch. Oliver drehte sich langsam vom Fenster weg und sagte in feierlichem Ton: „Eins zu null, Fred, nie hätte ich gedacht, daß dein sagenhaftes Hünengrab wirklich so sagenhaft ist."

Er wandte sich an die anderen, die mit großen Augen und angehaltenem Atem dieser Botschaft aus berufenem Munde lauschten.

„Es gibt keinen Zweifel", vermeldete Oliver Schnoor, „dort unten ist etwas los." – Er machte eine Denkpause. „Wenn die Sonne schiene, hätte ich darauf getippt, daß sich dort ein unbekanntes Naturphono . . ." er verbesserte sich . . . „Naturphänomen abspielt. Aber dieses ist etwas anderes." Er schnappte sich erneut das Fernglas und schaute hinaus. „Es blinkt ein Licht direkt durch den Spalt des Deckfelsens", stellte er fachmännisch fest, wie ein prähistorischer Forscher, der seiner Sekretärin neu entdeckte Fakten der Altertumsforschung ins Stenogramm diktiert.

„Genau das haben wir auch festgestellt", meinte Tanja trocken. „Es handelt sich um ein Flackerlicht am Hünengrab."

„Im Hünengrab", verbesserte Oliver und kniff die Augen noch enger zusammen, um das Geheimnis deuten zu können.

„Im oder am, egal. Wir sollten versuchen, das Geheimnis zu lüften", schlug Kati vor. Alle wollten jetzt einen Vorschlag unterbreiten, was zu tun sei. Die Ratschläge gingen über eine breite Skala und hatten den sofortigen Rückzug vom Dolmenhof – Melli hatte angeblich noch Hausaufgaben zu machen – über „lieber hier sitzenbleiben und besseres Wetter abwarten, Gespenster verschwinden ganz von alleine" – bis zum sofortigen Angriff des Problems – „am besten nehmen wir eine Waffe mit" – zum Inhalt.

Zwei Mädchen redeten sich mit zu leichtem Schuhzeug heraus, gerade neue Sandalen hatten sie gekriegt, und so was gibt Ärger zu Hause. Sie drückten sich in eine Ecke des Zimmers und schnüffelten in der Kassettensammlung herum.

„Ich schlage vor, wir stimmen ab", hörte Fred sich sagen. „Wer mit zum Hühnengrab hinunter möchte, bitte melden. Wer nicht, läßt den Arm hängen."

In die Höhe schossen genau elf Arme, die anderen zögerten, berieten sich, tuschelten miteinander. Dann gaben auch sie langsam das Zeichen, allerdings erinnerte die Bewegung ihrer Arme an rostige Scharniere, die lange nicht geölt worden waren.

Es wollten nur die beiden Kassettenmädchen zurückbleiben. Es sei doch gut, meinten sie, wenn zwei hierblieben, mit dem Fernglas die Szene beobachteten und notfalls, bei einem Angriff der prähistorischen Gespenster, die Polizei verständigen könnten. „Wo ist das Telefon?" wollten sie wissen. Aber Fred kam nicht mehr dazu, ihnen das zu erklären. Außerdem sahen die beiden Zurückgebliebenen nicht so aus, als würden sie eine Abwehrkampagne gegen Gespenster starten können.

***

Draußen stürmte es immer noch. Drüben am Scheunentor, wo Frau Kruzinna mit Gartengerät hantierte, ließ der Wind etwas Blechernes scheppern. Die Wetterfahne tanzte auf dem Dach mal hierhin, mal dorthin.

Sie beschlossen, ohne die Fahrräder ins Gelände zu gehen. Man wollte sich dem Abenteuer Schritt für Schritt entgegenkämpfen. Von Kampf konnte gut die Rede sein, denn es galt, sich dem scharfen Wind, der von See her wehte, entgegenzustemmen.

„Komisch", meinte Kati, als sie den Dolmenhof verlassen und bereits unten am Rapsfeld angekommen waren, „komisch, von hier aus sieht man nichts."

Als sie die Feldmark mit den jungen Saaten erreicht hatten, wo linker Hand ein schmaler Bach gurgelnd den Weg begleitete und dahinter ein hoher Knick die Sicht zum Dolmenhof versperrte, brach mit einem Mal die Wolkendecke auf. Graue Fetzen jagten tiefhängend über den Himmel, dazwischen flimmerte etwas Blau, Die ganze Landschaft schien mit einem Mal wie verwandelt, und die Sonne wärmte sie, als hätte sich die Tür eines Backofens aufgetan. Puh, da galt es, rasch die Jakken auszuziehen und sich um die Taille zu knüpfen.

Uli Steinke hatte jetzt die Führung übernommen. Er stimmte das Lied vom gummitwisttanzenden Dracula an, aber nur hier und da gewährten ihm einige mit verhaltenen Stimmen Unterstützung.

Hier nun machte der Weg eine scharfe Biegung. Der Knick löste sich in niedriges Buschwerk auf. Nur der Bach wurde breiter und lauter. Er plätscherte stürmisch einem unbekannten Ziel entgegen, ergoß sich über Steine und eingestürzte Grassoden. Hier und da kreuzten Knickhölzer seinen Lauf. An genau so einer Stelle entschlossen sie sich nun, auf das gegenüberliegende Feld zu wechseln. Es war ein Weizenschlag mit kniehohem wogenden Grün, über das der immer noch starke Sommerwind wie eine Bürste fegte und es auf die Seite legte. Die Jungen schleppten zusätzlich ein paar Steine herbei, um den Lauf des Baches zu bremsen, bis ein richtiger kleiner Wall entstand, auf dem vor allem die Mädchen bequem hinübergelangen konnten.

Als das Hindernis überwunden war, lenkten sie ihre ganze Aufmerksamkeit auf die kurze Strecke, die noch vor ihnen lag. Nicht weit von hier erkannte man das Gehölz und die wuchtigen Steine des Hünengrabs mitten drin, alles jetzt in gleißendes Sonnenlicht getaucht, so daß von dem flackernden Licht nichts mehr zu erkennen war. Vorsichtig überquerten sie das Feld, seitwärts hüpfend wie junge Känguruhs, damit die Saat nicht niedergetrampelt wurde.

„Wenn sich nun der ganze Spuk aufgelöst hat?" Sina wischte sich die Stirn und hielt einige Meter vor dem Gehölz an. „Das unheimliche Licht ist jedenfalls nicht mehr da." Die anderen drängten in einer dichten Reihe nach.

„Ich schlage vor, wir achten sorgsam auf Fußspuren." Fred breitete die Arme aus, um die Clique zurückzuhalten. „Das sollten wir vorsichtig machen, denn wenn alle durcheinander trampeln, werden wir später nichts mehr feststellen können."

Aber seine Mühe war vergeblich. Eine Gruppe Vorwitziger hatte die Absperrung durchbrochen und stürmte dem Ziel entgegen. Fußabdruck quetschte sich neben Fußabdruck, teilweise mit wunderhübschem Profil, denn Turnschuhe hinterlassen in matschiger Landschaft eindrucksvolle Spuren.

„Phantastisch", kommentierte Oliver und drängte

sich an Freds Seite. „Die haben uns nun alles vermasselt." Aber die meisten suchten trotzdem weiter, bis sie merkten, daß aus dem Durcheinander von Fußabdrücken letztlich niemand mehr schlau werden konnte.

„Mann, sind das Riesendinger", staunte Kati. Sie hatte jetzt die Stätte erreicht und klopfte auf den großen Deckelfelsen. Fred bat die anderen, sich hier korrekt zu verhalten, das Hünengrab stehe unter Denkmalschutz und das Landesamt für Denkmalspflege sehe es nicht gern, wenn Horden Neugieriger die Plätze heimsuchten, die mit Aufwand und Mühe der Nachwelt erhalten bleiben sollen; genauer gesagt: die Zerstörung alter Baudenkmäler steht unter Strafe.

Dieses eindrucksvolle Wissen hatte natürlich von Frau Kruzinna auf den Sohn abgefärbt.

Die anderen standen wie übergossen von der Dusche mit Lehrhaftigkeit. Ja, das war wohl einzusehen, daß man solche Anlagen wie diese zu schützen hatte, das mußte wohl der Letzte begreifen. Rundherum um das Hünengrab war ein niedriger Zaun gezogen, und kleine Markierungspfähle steckten in der Erde.

„Gut, daß sie einen heute nicht mehr unter solch großen Findlingen begraben", meinte Jeannette und kaute an ihren Fingernägeln, wie sie es immer tat, wenn sie ein Problem zu lösen versuchte.

Es knackte im Gehölz unter den Erlen.

Aber das war nur Uli Steinke, der das riesige Felsengrab von hier aus mit seiner kleiner Pocketkamera aufnehmen wollte, die er aus seinem Rucksack gekramt hatte.

„Mensch, du stehst im Gegenlicht", belehrte ihn Fred, „das gibt weiße Flächen auf dem Film."

„Licht hin, Licht her." Sina drängte sich jetzt vor und

warf einen neugierigen Blick in die dunkle Öffnung zwischen den Felsbrocken. „Wo ist denn nun das Flackerlicht geblieben?" Sie und einige andere kratzten vorsichtig mit einem Stock in der dunklen Höhlung, aber nicht einmal ein Kaninchen kam heraus.

„Ich würde mir hier keinen Bau anlegen, wenn ich ein Karnickel wäre", ließ Tanja wissen und suchte jetzt sorgfältig die Ritzen zwischen den Steinen ab, ob vielleicht eine geheimnisvolle Botschaft darin steckte.

Das Geheimnis wird geknackt

„Was meint ihr?" fragte Tanja. „Ob sich hier vielleicht Schmuggler treffen?" Sie blickte in die Ferne. „Das Meer ist nicht weit. Vielleicht bringen sie Rauschgift herüber oder . . ."

Sie stockte, weil sich die Vorstellung, Drogengangster könnten sich hier ein Depot angelegt haben, so fest in ihren Kopf einpflanzte, daß kein Platz mehr für andere Vermutungen blieb.

„Quatsch", meinte Oliver forsch, „die treffen sich anderswo, doch nicht mitten auf dem Weizenacker!"

Jeannette versuchte ebenfalls, die Diskussion nicht weiter in diese Richtung driften zu lassen.

„Habt ihr eine Ahnung, wo die über all ihre schmutzigen Geschäfte treiben", murmelte Fred.

Aber die Stimmung war so, daß niemand an diese Möglichkeit glaubte, Drogendealer könnten hier mit einem Blinklicht Zeichen in die Gegend funken und damit Komplizen Signale geben. Das Thema Drogen wurde ausgeklammert, nachdem man sich ausgiebig darüber ausgelassen hatte, wie hundsgemein dieses ganze Geschäft mit den berauschenden Giften sei. Darüber herrschte Einigkeit in der gesamten Klasse 4c: Solchen Kerlen galt es das Handwerk zu legen, mit allen Mitteln.

„Vielleicht gibt es noch Seeräuber, die sich von hier aus einen unterirdischen Gang angelegt haben bis hinunter zur Küste . . .", gab Kati zu überlegen auf.

„Mal sehen, ob ein schlanker Seeräuber in die Öffnung hineinpaßt." Der vorwitzige Uli schickte sich an, die Höhlenöffnung zu betreten, wurde jedoch von einigen Mädchen energisch zurückgewiesen.

Fred leuchtete jetzt mit seiner Taschenlampe in das dunkle Loch, während Oliver doch tatsächlich damit begann, im Kreise der Mädchen seine Gruselgeschichten aufzuwärmen.

„Mag ja sein, daß man hier auch einige Hexen hingerichtet hat." Er ließ den Blick wie ein Filmstar in der Landschaft suchen. Das erinnerte an Helden in Westernfilmen, die die Prärie nach Aufstand abklopfen, breitbeinig, unerschütterlich und sehr männlich.

„In der flachen Landschaft hat man vorzugsweise solche Hügel gewählt", erinnerte sich Oliver, als wäre er selbst dabei gewesen, „damit das Volk der Gaffer das grausame Handwerk der Henker verfolgen konnte."

„Du bist gemein!" schrie Sina hysterisch, „richtig gemein bist du! Mußt du immer wieder davon anfangen? Ich habe nachts schon Alpträume!"

„Ihr seid selbst schuld, wenn ihr dem Oli immer seine Hexen- und Gespenstergeschichten abkauft." Tanja spielte die Vernünftige.

„Der legt es doch nur darauf an, euch die Hölle heiß zu machen. Merkt ihr denn nicht, daß er glatt dreieinhalbtausend Jahre überspringt von der Steinzeit bis zum Mittelalter?"

„Richtig", warf Melli ein, „die Steinzeit hatten wir zweitausend Jahre vor Christi Geburt, und die Hexenverfolgungen haben im Mittelalter, also im sechzehnten Jahrhundert, stattgefunden. So etwas sollte man schon wissen", rügte sie, und man erinnerte sich in diesem Augenblick, daß Melli, die Unauffällige und Schüchterne, über ein enormes Wissen verfügte.

Oliver grinste. Und er grinste noch mehr, als Tanja

ihn in die Seite knuffte und zürnte: „Du genießt das so richtig, wenn andere deinen Geschichten mit Gänsehaut und klappernden Zähnen lauschen, wie?"

Fred hatte jetzt etwas in der Höhle entdeckt. „Ich hab was!" rief er. Diese Mitteilung wirkte auf die anderen elektrisierend.

Fred legte sich auf den Bauch und ließ einen Arm weit in der dunklen Öffnung verschwinden, zog ihn dann wieder heraus und fluchte: „Scheibenkleister!" Die anderen warteten stumm. Einige tuschelten.

„Ich hab's genau gesehen", beteuerte Fred und ließ den Strahl der Taschenlampe nochmals in die Dunkelheit gleiten, bevor er sich aufs Neue auf den Bauch legte und den Arm ausstreckte.

„Ganz schön mutig", flüsterte Kati und drängte sich zwischen Oliver und Uli.

„Soll ich dich mal ablösen?" bot sie Fred an, aber das war nicht nötig, denn jetzt zerrte Fred etwas ans Tageslicht. Es war ein Handscheinwerfer mit rotem Plastikgehäuse, das vorn ein großes Auge hatte. Obendrauf befand sich ein Schalter für verschiedene Einschaltstufen. Fred drehte jetzt an diesem Schalter. Stufe eins sandte helles, gleißendes Licht aus, das wie ein normaler Scheinwerfer die Dunkelheit der Grabkammer erhellt. Stufe zwei funkte ein Blinklicht, eine Sekunde hell, eine Sekunde dunkel, Stufe drei erinnerte an die Warnblinkanlage eines Autos und flimmerte in hektischem, gleichmäßigem Rhythmus hell-dunkel-hell-dunkel.

„Wie die Kennung eines Leuchtfeuers", wußte Melli.

„Das ist es gewesen. Schalt noch mal die zweite Stufe ein." Oliver drängte sich jetzt dicht an Fred, und beide untersuchten mit einigem Sachverstand das blinkende kleine Monstrum. Ja, die Stufe zwei mußte eingeschaltet gewesen sein, als sie vom Fenster des Dachjuchhes aus das flackernde Licht wahrgenommen hatten.

„Aber was soll das bedeuten?" Ratlosigkeit machte sich breit. Tanja wagte nochmals einen Vorsprung in Richtung schmutzige Dealergeschäfte, und auch Kati stärkte ihren Mut und brachte die Seeräuber noch einmal ins Spiel, aber das allgemeine Interesse driftete jetzt in allzu wilde Spekulationen.

Vielleicht war irgendwo in der Nähe ein Räubernest angelegt, vielleicht hauste ein Einsiedler hier, der nur über Blinkzeichen Kontakt zur Außenwelt hatte? Möglich auch, daß sich jemand einen Scherz erlaubte, oder daß . . .

. . . oder daß das Landesamt für Denkmalpflege dieses Flackerlicht installiert hatte, um Touristen zu warnen, diese Anlage zu schonen. Wie das Warnblinklicht an einem Pkw?

Das war nun wirklich Ausuferung der Phantasie. Uli Steinke versuchte die Sache auf den Nenner der Vernunft zu bringen. „Spielende Kinder werden sich einen Scherz erlaubt haben."

Sogleich wurde mit Blicken die Gegend abgesucht, ob irgendwo im nahen Gebüsch gar hinter dem Grabenrand ein vorwitziges Gesicht auszumachen wäre, aber das war nicht der Fall.

Fred knipste das gespenstische Licht aus. Es wäre vielleicht auch zu überlegen, ob der Heinemann, wie sie ihn nannten, der große Junge aus dem nahen Dorf Dolmenhagen, hier herumturnte und das Flackerlicht in das Hünengrab geschoben hatte; der Heinemann aus Dolmenhagen, der war nämlich nicht so ganz richtig im Kopf. Aber Fred war letztlich nicht überzeugt von dieser Vorstellung, und auch die anderen vermochte er nicht zu überzeugen.

„He, schaut mal her!" Tanja hatte jetzt einen dünnen Nylonfaden entdeckt, der wie ein unsichtbarer Spinnenfaden lose in der Luft hing. Ein Restknäuel war zwischen einer Felsspalte eingeklemmt. Mit tastenden Fingern folgte Tanja dem Verlauf des unsichtbaren Fadens. Und siehe da, er endete an einer kleinen Öse unter dem rätselhaften Handscheinwerfer.

„Den hat jemand an der Leine gehabt, als er ihn in das Dunkel hinabließ", stellte Fred fest und warf Tanja einen bewundernden Blick zu, weil sie diesen rätselhaften Faden entdeckt hatte.

„Damit der immerhin wertvolle Scheinwerfer ihm nicht ganz hinunterpurzelt, klar doch." Das kam von Sina.

Mit einem Mal verstummte das Geplapper der aufgeregten Gesellschaft rund um das Hünengrab. Unten am Wiesengraben, am Rande des Feldweges, hatte ein Mann mit einer Schirmmütze sie wohl schon längere Zeit beobachtet. Er stand da und spähte herüber, auf den Lenker eines alten verrosteten Fahrrads gestützt.

„Was sollen wir tun, wer ist das?" flüsterten die Mädchen.

Jetzt schickte der Mann mit drohender Faust einen Gruß herüber, der nicht zu mißdeuten war. Sie sollten hier verschwinden.

Erst als Fred für Aufklärung sorgte und den unheimlichen Fremden als den Bauern Markmann aus Dolmenhagen erkannte, wich die Spannung. Fred formte die

Hände zu einem Trichter und rief Bauer Markmann zu, daß sie mit der Schulklasse hier seien, um ein bißchen Heimatkunde zu üben. Fred wußte, daß Bauer Markmann der Heimatkunde aufgeschlossen war, hatte er Mama doch hin und wieder einen seiner altertümlichen Gegenstände zukommen lassen.

„Aber daß ihr mir nicht die Saaten zertrampelt!" Dann schwang sich der Bauer auf sein verrostetes Fahrrad und tauchte irgendwann als kleiner Punkt ein in die weite Landschaft.

„Puh, und ich dachte schon, der Dorftrottel aus Dolmenhagen wollte uns an den Kragen", schnaubte Kati.

„Wir suchen jetzt das Gelände ab." Fred gab das Kommando aus, jeden Quadratzentimeter nach irgendwelchen Spuren abzutasten. Alles, was auch nur den geringsten Verdacht erregen konnte, sollte beachtet werden.

Nach kurzer Suche ergab die Aktion folgendes: Einen Kronkorken von einer Colaflasche, zwei Zigarettenkippen (es wurde ausgiebig auf die Touristen gescholten), ein Papiertaschentuch, zwei Zigarettenschachteln, ein Zweipfennigstück. Uli Steinke hatte sich einen Scherz erlaubt und zwei Dutzend Hasenmurmeln, wie er sie nannte, eingesammelt, in gut getrocknetem Zustand, versteht sich. Als er den Mädchen weismachen wollte, das seien Kichererbsen, wurde tatsächlich laut gekichert.

Noch mehr ließ sich finden, das vielleicht Beachtung verdiente: Das zusammengeknüllte Papier von Salbeibonbons, von denen man wußte, daß auch Nele Hasel sie lutschte, wenn sie Halsschmerzen hatte. Sie ließ die Tüte in der Klasse oft großzügig herumgehen, weil sowieso nur wenige diese Sorte Bonbons mochten. Fred, der das Bonbonpapier entdeckte, steckte es als corpus delicti der Unvernunft eines Klassenkameraden heimlich in die Hosentasche. Er vermutete wohl richtig, daß Nele heute vormittag in der Klasse jemanden aus dieser Mannschaft mit dem angeblichen Halsschmerzenheiler beglückt hatte.

Irgendwann war die Spannung raus aus der Geschichte. Außerdem war es ja spät geworden und Zeit für die Heimfahrt.

„Was haben wir nun erreicht?" wollte Uli Steinke wissen, der sich von der ganzen Aktion mehr versprochen hatte, vielleicht daß man ein Skelett in der alten Steingrabkammer gefunden hätte oder Ähnliches.

„Ich meine, wir haben eine ganze Menge erreicht", stellte Oliver fest, was Fred unheimlich nett von ihm fand. „Wir haben das Flackerlicht im Hünengrab ausfindig gemacht. Bleibt jetzt nur das Rätsel zu lösen, was es damit auf sich hat." Er kratzte den Dreck von seinen weißen Turnschuhen. „Ich schlage vor, wir überlassen Fred die Beobachtung bis morgen. Kann ja sein, daß das Licht von dem unheimlichen Fremden über Nacht wieder eingeschaltet wird. Wir lassen den Handscheinwerfer auf alle Fälle hier und verwischen auch alle unsere Fußspuren, so gut das geht."

„Wir können ja Touristen gewesen sein", verteidigte Sina das Fußspurendurcheinander, „oder eine Schulklasse, die hier Heimatkunde vor Ort abgehalten hat."

Ja, diese Vorstellung könnte man dem unheimlichen Fremden wohl überlassen. Trotzdem verwischten sie die Trampelspuren, so gut es ging, hängten das Flackerlicht wieder in die dunkle Höhlung, klemmten den unsichtbaren Nylonfaden zwischen den Felsen fest und hüpften dann wie die jungen Känguruhs zurück über das Feld.

Kati machte auf dem Rückzug nach Dolmenhof eine glatte Bauchlandung im Wiesengraben, weil sie unbedingt die Böschung hinunterkraxeln mußte, um dort unten ein Rohr vom Kerbelkraut abzubrechen, aus dem sie sich eine Flöte schneiden wollte.

So wurde sie Frau Kruzinna auf Dolmenhof in die Küche gebracht wie ein tropfnasser Sack. Während Kati wohl oder übel in einem Sweat-shirt von Fred versinken mußte, auf dem ausgerechnet eine schwere Honda abgebildet war mit der Unterschrift MOTORFAN, erwähnte Frau Kruzinna beiläufig, daß Nele Hasel angerufen hatte. Sie hatte vergessen, was an Hausaufgaben für Mathe zu machen sei.

Ob sie ihr, Nele, erzählt habe, daß die ganze Klasse 4 c hier zu Besuch sei, fragte Fred seine Mutter.

O ja, das hatte Frau Kruzinna getan. Sie hatte Nele auch gefragt, warum sie sich der Klasse nicht angeschlossen hatte.

„Und?" drängt Fred, während er in der Jeanstasche das Bonbonpapier zu einer kleinen Kugel zusammenknüllte.

„Nun, sie sagte, sie habe heute etwas viel Wichtigeres vorgehabt."

Und dann reichte Freds Mutter Kati ein Paar Boxershorts, die ebenfalls aus einem Jungenkleiderschrank stammten.

Die Klasse 4 c klatschte Beifall, als man Kati auf diese Weise in einen Jungen verwandelte. Aber dann war es wirklich Zeit zum Aufbruch.

Wie die Segelboote sah Fred seine Klasse von Dolmenhagen Richtung Stadt davongleiten. Es gab keine Mühe mit den Pedalen, denn diesmal hatten sie den Wind im Rücken. Man konnte sagen, daß dies ein ganz und gar himmlischer Tag war. Die gesamte Klasse 4 c zu Besuch auf dem Dolmenhof! Und dann die Sache mit dem Blinklicht.

Fred rannte in sein Zimmer hinauf, riß das Fenster vom Dachjuchhe auf und spähte hinaus zum fernen Gehölz. So sehr er sich auch anstrengte, es zu entdecken, das Flackerlicht am Hünengrab hatte offenbar Sendepause. Ob jemand sie allesamt heimlich beobachtet hatte und sich jetzt erst einmal versteckt hielt?

Es blieb weiter nichts zu tun als abwarten. Heute nacht würde noch einmal ein Blick hinauszuwerfen sein. Vielleicht war etwas dran an den Vermutungen von Schmuggelei oder Diebesgut oder irgendwelchen anderen schmutzigen Geschäften, vielleicht. Aber es könnte durchaus auch angehen, daß . . .

Nun, morgen früh in der Schule wird man sehen, überlegte Fred und räumte sein Zimmer auf. Dabei streichelte er verstohlen über das Polster, auf dem Tanja gesessen hatte. Ob sowas Verrücktes alle tun, wenn sie verknallt sind? dachte er und trug dann die Colaflaschen hinunter in die Küche.

Eine Klasse wächst zusammen

Am Anfang der Unterrichtsstunde Heimat- und Sachkunde teilte Frau Schier der Klasse mit, daß sie sich für den Wandertag am nächsten Donnerstag etwas ganz Tolles ausgedacht habe. Eine Einweihung sozusagen würden die Jungen und Mädchen der Klasse 4 c erleben, und sie zwinkerte Fred freundlich zu, was auf äußerst angenehme Weise ankam. Nach einigem Zögern fügte sie hinzu, weil sie wohl davon ausgehen durfte, daß Fred der Klasse sowieso längst etwas verraten hatte: „Wir werden zum Dolmenhof hinauswandern und das neu eröffnete kleine Heimatmuseum von Frau Kruzinna besuchen." Sie wartete das Echo ab. „Nun?" forschte sie erwartungsvoll nach. „Ihr reagiert ja äußerst müde."

Ja, wenn die Frau Schier wüßte, überlegte Fred und fing die ratlosen Blicke seiner Sitznachbarn auf. Es war wohl nicht schwer zu erraten, was in diesem Augenblick in den Köpfen vorging. Natürlich dachte jeder an das rätselhafte Flackerlicht und an das Geheimnis, das daran hing, und natürlich dachte jeder daran, daß dieses Geheimnis so schnell wie möglich gelöst werden mußte.

Nicht vorzustellen, wenn man auf dem Dolmenhof am nächsten Donnerstag mit vorgetäuschtem Interesse Frau Kruzinnas Altertümer betrachten und sich die dazu erforderlichen Erklärungen anhören sollte, während die Gedanken doch nur um das große Rätsel kreisten, das einige hundert Meter weiter entfernt lag.

Die Stunde verging mit Frau Schiers Vortrag über Ackergerät im neunzehnten Jahrhundert rasch. Kurz vor dem Pausenzeichen machte sich eine Unruhe in der Klasse breit. Da stellte Frau Schier nämlich beiläufig fest, daß es zwischen Dolmenhagen und Dolmenhof noch ein gut erhaltenes Hünengrab gebe. Sie schickte Nele Hasel an die Tafel, die demonstrieren sollte, daß es sich bei einem Hünengrab keineswegs um Verwandtschaft mit Hühnern handelte und hier das H zu verachten sei.

Nele malte die Buchstaben in schöner, großer Blockschrift, dann drehte sie sich um, holte tief Luft und teilte folgendes mit: „Frau Schier, am Hünengrab von Dolmenhagen spukt es. Man erzählt, daß dort die Gespenster ihr Unwesen treiben."

Alsdann ging Nele nicht etwa an ihren Platz zurück, sondern wartete mit gefalteten Händen vor dem Bauch ab, was Frau Schier dazu einfiel.

„Es flackert dort ein Licht", setzte Nele nach, als Frau Schier immer noch nicht das Gruseln überkam.

„Woher weiß sie denn das?" tuschelte Oliver Fred zu. „Die war doch gar nicht dabei."

„Keine Ahnung."

Frau Schier wartete das gerade einsetzende Pausenzeichen ab, dann packte sie ihr Lehrmaterial ein und bemerkte nebenbei: „Nun, umso interessanter. Ich schätze, wir sollten uns nach dem Museumsbesuch auch noch das Steinaltergrab anschauen." Sie streichelte im Vorübergehen Neles Arm und hauchte: „Die Gespenster werden sich freuen." Dann eilte sie hinaus.

Fred schnappte sich sein Pausenbrot und den Apfel und rief Tanja zu, daß er sie draußen unbedingt sprechen müsse. Dann blickte er verstohlen hinüber zu Nele und versuchte mit ihr in Blickkontakt zu kommen. Aber Nele schaute nur einmal flüchtig auf, und dabei tat sie so gleichgültig, als sei sie mit ihren Gedanken gerade ganz woanders.

Nun gut. Fred eilte hinaus, um Tanja zu suchen. Er fand sie unter der großen Kastanie auf dem Schwebebalken, wo sie neuerdings immer saß, um ihren Arm nicht der Gefahr auszusetzen, daß er von den spielenden Kameraden angerempelt wurde.

„Tanja", sagte er und hielt dabei ihren leeren Schlenkerärmel fest, der wie ein unnützes Zubehör lose herunterbaumelte. „Tanja, paß auf, du mußt mir jetzt ganz ehrlich verraten, ob du in die Sache am Hünengrab verwickelt bist."

„Ich? Wieso ich?" empörte sich Tanja, und ihr offener Blick mußte wohl als ehrlich gedeutet werden. Sie klappte ein Comicheft zu.

„Du, ich bin fast immer ehrlich, Fred. Auch wenn du manchmal daran gezweifelt hast."

Du meine Güte, wie sollte er ihr erklären, auf welcher Spur sich sein Verdacht festgefahren hatte?

„Es ist nämlich, ich habe nämlich vermutet . . ."

„Ja . . . ?" fragte Tanja gedehnt und wartete.

„Ach, nichts."

„Du, sag mal", fing er wieder an, „ist das nicht ein merkwürdiger Zufall, daß zuerst du zu Besuch kommst und dann die ganze Klasse 4 c hinterher?"

„Du meinst die Sache gestern?"

„Ja, genau die meine ich. Und ich meine, vielmehr ich vermute, daß irgend jemand da etwas in Gang gesetzt hat, von dem ich nicht" − er verbesserte sich − „von dem ich noch nicht weiß, was es zu bedeuten hat."

Tanja zuckte ratlos die Schultern. „Wie soll ich denn das wissen?"

Dann spielte sie plötzlich die beleidigte Leberwurst.

„Du, außerdem finde ich es nicht gerade freundlich von dir, daß du irgendein verborgenes Geheimnis witterst, nur weil ich dich gestern auf dem Dolmenhof besucht habe. Ehrlich gestanden, das hatte etwas mit Wiedergutmachung zu tun. Weil ich dich mit dem Fahrrad . . . du weißt schon", half sie ihm auf die Sprünge.

Ja, und ob er das noch wußte. Schließlich hatte sie ihn sitzenlassen und war mit Oliver durch die Gegend gebummelt. So etwas vergißt man doch nicht.

Aber das war es nicht, was hier zur Debatte stand. Fred wollte auf etwas anderes hinaus. Er formulierte die Worte vorsichtig in Gedanken, bevor er sie aussprach.

„Oliver und ich", sagte er, „Oliver und ich sind uns seit gestern wieder nähergekommen. Es hat fast den Anschein, als könnten wir wieder Freunde werden."

Tanja reagierte völlig uninteressiert. „Na und? Wurde ja allmählich auch mal wieder Zeit", stellte sie fest und vertiefte sich erneut in ihr Mickymausheft. Als Fred sich wie ein stehengelassener Regenschirm vorkam, weil sie ihn gar nicht mehr beachtete, machte er auf dem Absatz kehrt und wollte zu den anderen gehen.

„Frag doch mal Nele. Nele Hasel, die kleine Mickymaus!" rief Tanja ihm hinterher. „Die ist über alles genau im Bilde, was mit Fred Kruzinna zusammenhängt!"

„Weiber!" fluchte Fred, weil er sich über Tanja ärgerte, aber sogleich nahm er sich vor, heute mittag auf dem Nachhauseweg Nele um ihre Begleitung zu bitten, was sie ja sonst ganz von selbst tat. In seinem Gedächtnis flammte etwas auf, das gestern schon leise zu knistern begonnen hatte.

Nach Schulschluß wurde Fred von Oliver unten am

Portal erwartet. Es war fast nicht zu glauben, aber Oliver fragte tatsächlich, ob er Fred heute nachmittag auf dem Dolmenhof besuchen dürfe. „Ohne den ganzen Tross, der gestern da war", flüsterte er ihm zu, und mit einem Mal stieg hier wieder die alte Vertrautheit zwischen ihnen auf, die sie früher, während ihrer Freundschaft, so eng zusammengeschmiedet hatte.

Fred beeilte sich, heftig mit dem Kopf zu nicken. „Klar doch, ich warte auf dich." Dann hopste er im Zickzack über den Schulhof, um nach einer Haarschleife Ausschau zu halten. Außerdem wollte er das Mädchen, das diese Haarschleife trug, um einen ganz besonderen Gefallen bitten, der etwas mit vorgetäuschten Halzschmerzen zu tun hatte.

***

„Wo hast du dir die denn weggeholt?" fragte Nele in fast mütterlicher Besorgnis, als Fred ihr auf dem Weg zum Bus die Frage stellte, ob sie nicht ein Mittel gegen schlimme Halsschmerzen wüßte.

Nele fiel auf den Trick prompt herein und kramte in ihrer Anoraktasche nach den Salbeibonbons. „Nicht kauen", empfahl sie, „langsam lutschen.

Es liegt sicher am lausigen Wetter, mal ist es kalt, mal heiß", stellte sie fest, „da fängt es im Hals leicht an zu kratzen. Aber die Bonbons helfen", versicherte sie, „merkst du schon was?"

„Ja", log Fred und stellte insgeheim fest, daß Salbeibonbons nicht nach seinem Geschmack waren.

„Du bist immer so lieb", schmeichelte er, „und großzügig."

Ob sie merkte, daß er gewaltig übertrieb?
Nele nahm die Anerkennung dankbar hin.
„Immer läßt du deine guten Salbeibonbons reihum gehen in der Klasse", pries Fred ihre Großzügigkeit aufs Neue. „Laß dich bloß nie ausnutzen. Einige langen mehrmals zu, ich hab's heimlich beobachtet."
Nele meinte dazu, daß sie das auch schon festgestellt und die Tüte deshalb schon lange nicht mehr in Umlauf gegeben habe.
„Schon lange nicht mehr?" hakte Fred nach wie ein neugieriges Waschweib, das sich für alles, aber auch alles interessiert.
„Schon lange nicht mehr." Jetzt stockte Nele. „Sag mal, hast du Fieber? Bei Mandelentzündung hat man oft Fieber." Sie musterte ihn kritisch.
„Nein", erwiderte er heftig. „Oder doch."
Das Gespräch geriet jetzt glücklicherweise erst einmal in andere Bahnen. Nele schwärmte von den Vorzügen der neuen Digital-Fieberthermometer, mit denen man innerhalb kürzester Zeit Temperatur messen konnte. „Und dann macht es einfach piep", sagte sie.
Fred nickte zustimmend, obgleich er überhaupt nicht zugehört hatte.
„Ja, ja", sagte er, „und dann macht es einfach piep."
„Ich muß noch ein Geburtstagsgeschenk für meinen Papa kaufen", log er drüben an Bliesemanns Ecke, „er wünscht sich einen Handscheinwerfer." So, jetzt war es heraus, jetzt hatte er die Karten offen auf den Tisch gelegt, sozusagen.
„So was Verrücktes", hakte er nach, „einen Handscheinwerfer. Ich hab so ein Ding noch nie gesehen. Ob es so etwas in dieser kleinen Stadt überhaupt gibt?"
Nele spähte angestrengt hinüber zur venezianischen

Eisdiele.

„Was weiß ich", äußerte sie gleichgültig. „Vielleicht haben sie das Ding vorrätig, wenn nicht, werden sie es dir sicher bestellen."

„Hm", machte Fred. Es half nichts, er mußte die Sache anders angehen.

„Kommst du mit hinein?" fragte er vor der Firma Bliesemann mit dem Schaufenster für Elektroartikel.

„Lieber nicht", muffelte Nele. „Ich find solche Geschäfte furchtbar langweilig."

Nun, ob das wohl stimmte? Abwarten, überlegte Fred und betrat den Laden.

Hier ging er aufs Ganze. „Guten Tag, ich hätte gern einen Handscheinwerfer. Einen, mit dem man auch Blinkzeichen, ein Flackerlicht machen kann", erläuterte er seinen Wunsch.

„Gern." Die Verkäuferin zog sich zurück und suchte in einem Regal. Dann kam sie mit einem Karton zurück, stellte ihn auf den Ladentisch, öffnete den Deckel, und zum Vorschein kam genau das, was Fred geahnt hatte: ein Zwilling des Scheinwerfers aus dem Hünengrab.

„Ist das Modell okay?" fragte er. „Es soll nämlich für meinen Papa zum Geburtstag sein, und der ist sehr wählerisch."

Die Verkäuferin war äußerst freundlich.

„Dieses Modell verkaufen wir am häufigsten", ließ sie ihn wissen. „Unsere Kunden haben bisher kein einziges Mal reklamiert."

„Sehr schön", meinte Fred dazu. Aber er druckste noch herum. Da war noch etwas.

„Geht es um die Bezahlung, junger Mann?" fragte die freundliche Verkäuferin.

„Nein. Ja. Doch." Ein Wortsalat war die Antwort. „Ich habe heute nicht so viel Geld bei mir, aber morgen, morgen werde ich wiederkommen, ja?" schlug er vor.

Ein freundliches Nicken. „Selbstverständlich. Ich kann ihn dir ja so lange zurückstellen. Für alle Fälle."

„Ich muß nämlich erst meine Schwester fragen. Vielleicht hat die schon so etwas gekauft." Die Worte stolperten ihm hastig aus dem Mund. „Es wäre doch komisch, wenn wir beide am Geburtstag meines Vaters das gleiche Geschenk auspackten." Fred versuchte zu lachen, was ein wenig mißglückte.

In diesem Augenblick erkannte die Verkäuferin draußen an der Schaufensterscheibe Nele Hasels plattgedrückte Nase. „Ist das deine Schwester?" fragte sie. Ohne Freds Ja oder Nein abzuwarten, redete sie weiter, und dabei tanzten lustige Pünktchen in ihren dunklen Augen. „Gut, daß ich sie bemerkt habe", lobte die Verkäuferin sich selbst. „An deine Schwester habe ich vor einigen Tagen diesen Scheinwerfer mit dem Flackerlicht verkauft." Sie schaute noch einmal hinaus, um sich zu vergewissern. „Kein Zweifel, sie ist es gewesen. Ich habe sie selbst bedient."

Fred stockte der Atem. Nicht einmal, weil ihn diese Auskunft umzuwerfen drohte, vielmehr weil es ihn selbst überraschte, wie zielgerecht er die Sache in Angriff genommen hatte. Also Nele. Zwischen Nele Hasel und dem Flackerlicht am Hünengrab galt es eine Verbindungslinie zu ziehen. Zweifel ausgeschlossen.

Aber was mochte der Grund für dieses Abenteuer sein, das sie sich — vermutlich ohne jede fremde Hilfe — ausgedacht und auch durchgeführt hatte?

Er bedankte sich artig für die freundliche Bedienung und ging mit langsamen Schritten hinaus.

Draußen war Nele damit beschäftigt, Marienkäfer von einem Strauch zu sammeln. Einen davon setzte sie auf Freds Arm. „Das bringt Glück", plapperte sie.

„Komm", sagte Fred, „komm, Nele, ich lade dich zu einem Eis ein. – Wir müssen etwas besprechen", fügte er hinzu.

Nele löffelte je eine Kugel Stracciatella, Himbeer, Banane und Cassata aus, bevor sie ein Geständnis ablegte.

Ja, sie hatte die ganze Klasse nach Dolmenhof gelockt. Daß die Tanja schon vorher eingetroffen sei, das habe sie – „ich schwöre es!" – nicht gewußt, das müsse anders zusammenhängen.

Aber die Klasse, ja, die hat sie nach Dolmenhof gelockt. Und sie ist auch unten am Hünengrab gewesen und hat dort das flackernde Licht in die dunkle Kammer hineingelassen, die höchste Leuchtstufe eingeschaltet, damit alle es sehen.

„Es sollten alle erkennen, daß du das geheimnisvollste Geheimnis auf dem Dolmenhof hast", verteidigte sich Nele. „Immer der Oli mit seinen Hexengeschichten. Ich hab's doch nur aus Mitleid getan. Glaubst du denn, ich habe es nicht bemerkt, daß dich die gesamte Klasse mehr und mehr im Stich gelassen hat, seit du aus der Stadt fortgezogen bist?"

Sie schluckte. Kleine Schweißperlen hatten sich unter ihren Ponyfransen gebildet. „Ist es denn so schlimm, wenn einer etwas tut, weil er einen anderen gern hat und ihm helfen möchte?" fragte Nele geradeheraus.

Fred kam sich vor wie eine Statue aus Stein. Er mußte

reden, jetzt, ganz schnell etwas Nettes zu Nele sagen, aber er konnte die richtigen Worte nicht finden.

***

Auf dem Dolmenhof herrschte an diesem frühen Morgen eine hektische Unruhe. Die paßte so gar nicht in ein Museum, das in allen Winkeln Ruhe und Beschaulichkeit ausstrahlte. Frau Kruzinna huschte emsig hin und her. Heute nachmittag hatte sich ein Redakteur von der Heimatpresse angesagt, der wollte eine Reportage über das neu eröffnete ländliche Museum schreiben und auch Fotos schießen.

Der angekündigte Besuch des Lokalreporters jedoch war es nicht allein, der die Museumsinhaberin so nervös werden ließ. Der Aufmarsch der Klasse 4 c stand bevor. Wahrscheinlich, so überlegte Frau Kruzinna mit einem Blick auf ihre Armbanduhr, waren die Jungen und Mädchen bereits aufgebrochen und sangen ein fröhliches Wanderlied auf ihrem langen Weg zum Dolmenhof. Sogleich korrigierte Frau Kruzinna diese Vorstellung. Jungen und Mädchen der heutigen Zeit singen wohl nicht mehr auf Wanderungen, oder? Sie ertappte sich dabei, daß sich ihre Gedanken zu einem ziemlichen Wirrwarr verstrickten.

Und nun, als sie gerade ein paar Tropfen Öl in die quietschenden Scharniere des Scheunentors pumpen wollte, kam auch noch Besuch um die Ecke der Scheune. Bauer Markmann klingelte zur Begrüßung mit der alten Bimmel seines verrosteten Fahrrads, zog den Hut und rief ein freundliches Moin-Moin! herüber. Frau Kruzinna schwankte zwischen Höflichkeit und Hektik, setzte dann die Ölkanne ab und reichte dem

Bauern die Hand. Man muß freundlich sein zu den Menschen dieser Gegend, wenn man neu zugezogen ist.

„Ich freue mich, Sie zu sehen", schwindelte Frau Kruzinna, denn in Wahrheit hätte sie gern die restlichen Arbeiten erledigt, bevor ihr an diesem bedeutungsvollen Tag der Eröffnung die Rolle einer Museumsführerin mit allerlei Wissen um altertümliche Dinge von den hoffentlich zahlreichen Besuchern zugedacht würde.

Bauer Markmann wickelte umständlich einen Gegenstand aus Zeitungspapier und überreichte ihn mit unbeholfenen Worten. Dabei blickte er auf seine staubigen Schuhe und wagte nur ein einziges Mal, der hübschen Frau Kruzinna ins Gesicht zu sehen. „Ick gratleer uck schön to düsse gode Angelegenheet", stotterte Bauer Markmann, was übersetzt bedeutete, daß hier ein Glückwunsch ins Haus stand für eine prima Angelegenheit, nämlich die Eröffnung eines Museums, in dem es einer zugezogenen Dame eingefallen war, ländliches Mobiliar und Gerät aus vergangenen Zeiten der Nachwelt zur Schau zu stellen.

Frau Kruzinna zeigte sich entzückt, und das war nun in der Tat ehrlich, dieses freudige Aufflammen einer Überraschungsröte in ihrem Gesicht.

„Eine alte Laterne", erläuterte Bauer Markmann, der jetzt angesichts der gelungenen Überraschung im Gesicht der Frau Kruzinna seine Zunge löste. „Sie hat um die Jahrhundertwende an einer alten Kutsche gehangen und wurde mit Petroleum betrieben."

Er nahm Frau Kruzinna die Laterne aus der Hand und zeigte ihr, wie man den Docht anzündete. Petroleum war eigens für diesen Auftritt eingefüllt worden. „Dormit se dat Ding anzünden künnt, wenn de Besökers kamt", meinte Markmann in seiner breiten, behäbigen Mundart. Dann stutzte er und schnupperte an dem Docht. Nein, so etwas. Er schüttelte den Kopf. Da hat die alte Jule doch wieder dran herumgefummelt, grollte er.

„Wie geht es ihr denn heute?" fragte Frau Kruzinna teilnahmsvoll. Gestern hatte sie doch mitbekommen, daß der Doktor auf dem Weg nach Dolmenhagen gewesen war. Laternen-Jule hatte sich eine bösartige Erkältung zugezogen und lag hustend, schnupfend und fluchend zu Bett.

„Sie ist bös am Schimpfen, was sonst", gab Markmann kurz und erschöpfend Auskunft über den Zustand seiner alten Haushälterin. Er hielt es für überflüssig, näher auf die alte Frau einzugehen, weil ja ohnehin jeder in der Umgebung wußte, daß sie nicht mehr ganz richtig im Kopf war und sozusagen im hohen Alter ihr Gnadenbrot im Bauernhaus der Markmanns aß, klein und bescheiden, aber warm und trocken ganz oben unter dem Dach.

„Sie hat wohl wieder zuviel in der Gegend herumgespukt", vermutete Markmann, und jetzt ging ihm auch ein Licht auf, wie und wo sich Laternen-Jule so arg verkühlt hatte, wie er es nannte. Vermutlich hat sie sich diese alte Kutschenlaterne geschnappt, die unten im Hausflur gelegen hatte, um für den großen Tag der Übergabe an Frau Kruzinna und ihr Museum noch einmal aufpoliert zu werden. „Und dann wird die Jule damit auf Wanderschaft gegangen sein. Sie hat ja nun mal den Spleen mit ihren Laternen", entschuldigte Bauer Markmann dies.

„Ja, ja", lachte Frau Kruzinna. Dann legte sie dem

Bauern die Hand auf die Schulter und sagte sehr freundlich, weil man in solchen Situationen, in denen über andere kritisiert wird, freundlich sein sollte: „Ja, ja, Herr Markmann, die alten Leute. Aber wissen wir denn, wie es um uns einmal stehen wird, wenn wir die Achtzig überschritten haben?"

„Na, na", maßregelte Markmann sogleich, „eine so junge, hübsche Deern wie Sie, Frau Kruzinna, die darf doch an das Alter noch keinen einzigen Gedanken verschwenden."

„Sie sind überaus freundlich", betonte Frau Kruzinna noch einmal. „Und vielen herzlichen Dank für das wunderschöne Geschenk."

Sie suchte jetzt mit Markmann einen passenden Platz in ihrem Scheunenmuseum, an dem die alte Laterne gut zur Geltung käme.

„Aber passen Sie man auf", mahnte Markmann, „daß die Jule die nicht wieder zu fassen kriegt. Die ist ganz wild auf alles, was sich anzünden läßt. Gott sei Dank, daß sich ihre Freude am Licht nur auf Lampen und Laternen beschränkt, sonst sähe es wohl übel aus."

„Ich werde meinen Mann gleich morgen bitten, die Laterne zu sichern. Er ist da sehr geschickt", versicherte Frau Kruzinna lachend. „Dann kann die alte Jule gern einmal bei mir hereinschauen, richten Sie ihr einen freundlichen Gruß aus, ja?"

Bauer Markmann wandte sich jetzt zum Gehen. Er grüßte zum Abschied mit einem kurzen Lüften seiner Schirmmütze und schwang sich auf seinen Drahtesel. Und das war genau der richtige Augenblick, denn jetzt schwoll eine muntere Geräuschkulisse an, die nicht schwer zuzuordnen war. Die Klasse 4 c hielt ihren Einzug auf dem Dolmenhof.

„Ein herzliches Willkommen meinen ersten Gästen!" rief ihnen Frau Kruzinna zu. Besonders ausgiebig wurde Frau Schier begrüßt, die sich ganz einfach hingerissen gab vom Anblick des alten historischen Bauwerks. Sie ließ ihren Blick über das Gebäude schweifen und fand zu ihrem nochmals gesteigerten Entzücken die Wetterfahne auf dem Dach, die sie sogleich ihren Schülern als das existierende Beispiel für die Ausführungen auf Seite acht des Heimat- und Sachkundeheftes pries. „Ihr erinnert euch?"

Während Frau Schier die Klasse jetzt mit lehrreichen Worten auf den Rundgang durch das Museum vorbereitete, eilte Frau Kruzinna heimlich hinein. Eine vortreffliche Idee war ihr gekommen. Mit geschickten Fingern zündete sie den Docht der alten Laterne an. Sie sollte den Jungen und Mädchen der Klasse mit ihrem warmen, hellen Lichtschein ein besonderes Willkommenszeichen sein.

Und nun traten die Kinder mit ihrer Lehrerin in das Halbdunkel der Scheune, wo sie zunächst vor Ehrfurcht verstummten. Hier roch es ja richtig nach Altertum, und auch ein bißchen Spannung knisterte in den dunklen Winkeln. Frau Schier bekam eine kleine Druckschrift in die Hand, in der sie sich über das ausgestellte Inventar orientieren konnte. So wurden die Kinder an dem alten Leiterwagen vorbeigeführt, an dem noch die Deichseln hingen, in die vor langer Zeit die Ackerpferde eingeschirrt worden waren; eine Ecke der Scheune war mit altem Porzellan ausgestattet. Sie zeigte mit dem gedeckten Eßtisch her, wie man zur Erntezeit um die Jahrhundertwende mit dem ganzen Hofgesinde zu speisen pflegte. Eine riesige Bratpfanne in der Mitte mit ausgelassenem Speck, und jeder stippte seine Pellkartoffeln hinein.

Ach ja, die gute alte Zeit. Eine alte Wiege wurde bewundert, über deren Rand ein Taufkleid aus Spitze hing, das längst vergilbt war. Und so ging es weiter, bis sich die Gruppe der Klasse langsam auflöste und einige hierhin, einige dorthin wechselten, je nach Interesse.

Nach dem ausgiebigen Rundgang versammelte sich die 4 c auf der Rasenfläche vor dem Scheunentor. Fred hatte eigens für diesen Anlaß gestern Abend noch den Rasen gemäht. Lange Holzbänke luden ein, die mitgebrachten Schleckereien auszupacken. Bildung macht hungrig.

Frau Kruzinna ließ erschöpft, aber glücklich ihren Blick zurückwandern in die Scheune. Einen phantastischen Erfolg hatte sie zu verbuchen mit diesem ersten gelungenen Besuch. Es war ein wenig stickig im Raum, und so öffnete sie die rückwärtige kleine Tür, um für Durchzug zu sorgen. Es duftete wunderbar nach frisch gemähtem Gras und blühenden Heckenrosen aus dem nahen Knick.

Als Oliver nach dem ausgiebigen Genuß diverser Limosorten unanständig zu rülpsen begann und die Jungen und Mädchen der Klasse 4 c immer aufgeregter die Köpfe zusammensteckten, klatschte Frau Schier in die Hände. Das war das Zeichen, daß ein Programm abgefeiert und das nächste in Angriff genommen werden sollte.

„Jetzt geht's los", tuschelte einer dem anderen zu. Denn natürlich wußten sie alle, daß der Besuch des Hünengrabs bevorstand.

Auf dem Weg hinunter zur Feldmark überlegte Fred, ob er nicht ein schlechtes Gewissen haben müßte. Hätte er die Klasse aufklären sollen, hätte er jedem einzelnen mitteilen müssen, daß er Nele entlarvt hatte? Ja, es stand fest. Nele hatte ja ein ganzes rundes Geständnis abgelegt in der Eisdiele, an jenem Nachmittag, als sie sich ausgesprochen hatten. Es war verdammt schwer gewesen, die Klasse hinzuhalten, ihnen allen vorzumachen, daß er, Fred, am nächsten Tag noch einmal in das Hünengrab geschaut und dabei festgestellt hatte, daß der Scheinwerfer verschwunden gewesen war.

Und auch am übernächsten Tag war er mit Oli hinuntergewandert auf das Feld, um nachzuschauen, und auch Oli hatte nichts als reine Luft gewittert.

Klar doch, Fred hatte Nele zuliebe, oder besser gesagt ihrem rührenden Bemühen um das Kitten seiner Freundschaft mit Oliver zum Dank, das Ding kurzerhand verschwinden lassen. Es lag jetzt wohlverpackt unten im Keller im Regal zwischen den Einmachgläsern, wo Mama es erst zur Gurkeneinmachzeit finden würde. Bis dahin wollte Fred das Versteck wechseln oder noch besser, Nele den Scheinwerfer zurückgegeben haben.

Was Fred nicht wußte: Frau Kruzinna war vor drei Tagen mit der alten Jule vom Bauernhof Markmann die Kellertreppe hinabgestiegen, um ihr mit einigen Marmeladengläsern auszuhelfen. Und seitdem war der Handscheinwerfer, jenes gespenstische Flackerlicht, nicht mehr in Kruzinnas Keller, so viel stand fest. Aber das hatte, wie gesagt, bisher niemand bemerkt.

Frau Schier wunderte sich auf dem Weg hinunter zum Gehölz über das äußerst muntere Geplapper ihrer

Klasse. Da sieht man es doch wieder einmal, dachte sie schmunzelnd und fröhlich, daß Bildung die Kinder belebt. Der Museumsbesuch und jetzt die Vorfreude auf ein anderes kulturhistorisches Baudenkmal weckten die Lebensgeister selbst bei Zehnjährigen.

Es war zu beobachten, daß Tanja und Nele die Köpfe zusammensteckten. Das fiel besonders Fred auf, der gern an Tanjas Seite gegangen wäre. Nun nahm Nele diesen Platz ein. Was die beiden wohl zu tuscheln hatten? Ein Rest Verdacht blieb in ihm, der sich nicht aus der Welt schaffen lassen wollte. Tanja und Nele hatten ein Geheimnis miteinander. Irgendwie steckte Tanja in der Sache mit drin. Man konnte es wohl auf den einen Nenner bringen, daß sich die beiden letztlich für das Zusammenwachsen der Klasse eingesetzt hatten, daß sie unauffällig an unsichtbaren Fäden gezogen hatten, um ein Spiel in Gang zu bringen, das mit Wiederversöhnung zu tun hatte und vor allem mit dem Aufpolieren des Ansehens von Fred Kruzinna.

Oliver warf Fred unterwegs ein Hufeisen zu, das irgendwann ein Pferd auf dem Feldweg hinunter zum Hünengrab verloren haben mochte. Es war alt und verrottet und hatte hier wohl schon lange Jahre gelegen. Jetzt kam Oliver herübergesprungen, quer über den Weg. „Du mußt es mit der Öffnung nach oben aufhängen, sonst fällt das Glück wieder heraus", mahnte er. Und dann fragte er, ob sie morgen nicht endlich einmal wieder ausreiten wollten, mit den Islandpferden, so wie früher über die Feldwege traben, und dann könnten sie sich ja mal ein Baumhaus in den alten Weiden bauen, hier gibt es doch so viele Kopfweiden mit hohlen Stämmen. „Na, wäre das nichts?" fragte Oliver. Und Fred nickte wie ein Weltmeister im Kopfnicken und Zusagen.

Er hatte vorgestern mit Oli einen Damm gebaut in weiser Voraussicht auf den Klassenausflug. Man konnte seiner Lehrerin ja wohl nicht zumuten, daß sie die Schuhe auszog und durch einen breiten Wiesengraben watete.

Vor der Überquerung klatschte Frau Schier in die Hände und wies darauf hin, daß „wir nun äußerst vorsichtig das Weizenfeld überqueren wollen, damit die Saat nicht niedergetrampelt wird." Es klang genau so, als hätte ihr Bauer Markmann diese Mahnung ins Ohr gepflanzt.

Klar doch, erwiderte die Klasse. Und in Gedanken fügte jeder hinzu: Schließlich wissen wir, wie man das macht. Man hüpft wie ein junges Känguruh seitwärts durch die Saatrillen."

Als sie den Feldrain erreichten, ließ ihnen ein Spuk den Atem stocken. Wie auf Kommando blieb die ganze Klasse stehen und schaute ungläubig hinüber.

Da flackerte ein Licht im Hünengrab. Kein Zweifel. Die Gespenster waren auferstanden, oder der unheimliche Fremde hatte erneut sein verwirrendes Spiel begonnen. Was nur stand hinter diesem rätselhaften Licht?

„Ich werd' verrückt", flüsterte Uli Steinke. „Es sind zwei Lichter. Eins brennt drinnen und eins draußen. Sagt mal, seht ihr es auch?" Einige nickten stumm, die anderen hauchten ein zaghaftes Ja.

Frau Schier stand ebenfalls ziemlich ratlos da. Sie versuchte, mit einem unsicheren Lächeln die Lage zu erkennen, aber das Rätsel blieb auch für sie unlösbar.

„Halt, Kinder, halt", kommandierte sie. „Wir wollen

abwarten, was sich ergibt." Und so kam es, daß die gesamte Klasse 4 c wie eine spalierbildende Einheit mitten im Weizenfeld des Bauern Markmann von Dolmenhagen stand und abwartete, daß sich ein geheimnisvolles Rätsel von selbst lösen möge.

„Das hat nun mit mir wirklich nichts mehr zu tun", jammerte Nele, die aufgeregt an Freds Seite Schutz suchte. „Ich schwöre es, drei Finger auf das Herz, drei Finger in die Luft, lieber Gott, ich lüge nicht, wenn ich lüg', bestrafe mich", haspelte Nele.

Fred zog Tanja an ihrem Schlenkerärmel. „Auch von dir ist ein Schwur fällig", forderte er. Aber Tanja zitterte noch mehr als Nele, und ganz schnell formulierte sie das Bekenntnis: „Ich will auf der Stelle von einem Geist verschlungen werden, wenn ich mit dieser Sache auch nur das geringste zu tun habe."

„Kinder, Kinder", mahnte Frau Schier, die die zitternden Bekenntnisse von den Mädchenlippen mitbekommen hatte. „Wer wird denn hier an Gespenster glauben." Aber sie rührte sich immer noch nicht vom Fleck.

„Der Oliver!" rief Melli herüber, und einige kicherten jetzt verstohlen. „Der Oliver müßte wissen, was jetzt zu tun ist. Der kennt sich mit Gespenstern aus wie kein anderer!"

Aber Oliver duckte sich unter der Wucht dieser Worte. Kleinlaut gab er zu bedenken, daß er doch weiter nichts getan habe, als die alten Protokollschriften aus dem Stadtarchiv wahrheitsgemäß unters Volk zu bringen, wenn, ja wenn er auch hier und da ein bißchen Phantasie hatte mitschwingen lassen. „Aber wirklich nur eine Miniportion", beteuerte er.

Hinten im Gehölz flatterte jetzt ein Fasan aus dem dichten Laub der Erlen, und ein Rebhuhn folgte mit schwerfälligem Flügelschlag und strich in aufgeregtem Flug über das Feld. Kein Zweifel, die Tiere waren von irgend etwas aufgeschreckt worden. Und das Rätsel löste sich jetzt. Eine alte Frau kam aus dem Schatten der Bäume. Sie war groß und hager und trug trotz der Sommerhitze ein wollenes Schultertuch, das ihr bis zur Taille hinunterreichte. Sie warf einen ängstlichen Blick auf die große Schar der Kinder und huschte dann wie ein Schatten hinter den mächtigen Schutzwall der Steine. Hier nahm sie flink und geschickt etwas aus der Höhle, griff noch einmal neben die Felsen und verschwand dann querfeldein in Richtung Dolmenhagen.

„Laternen-Jule", hauchte Fred. Und als er diesen Namen das erste Mal ausgesprochen hatte, wiederholte er ihn: „Laternen-Jule. Kein Zweifel, sie ist es."

Die Klasse bedrängte ihn stürmisch, zu verraten, wer dieses unheimliche, alte Weib in den schwarzen Kleidern sei. In der Ferne sah man Laternen-Jule wie ein Gespenst durch den Weizen stolpern, in jeder ihrer ausgestreckten Arme ein brennendes Licht, das allerdings in der hellen Sommersonne keine Chance hatte, so gespenstisch zu wirken wie damals in der Dämmerung.

„Sie ist auf alles aus, was leuchtet", teilte Fred den anderen mit, „keine Lampe ist vor dieser alten Frau sicher. Ich schätze, sie hat sich die beiden Leuchtkörper irgendwo gestohlen, um damit in der Gegend herumzuflackern."

„Die eine Leuchte habe ich erkannt." Kati beteuerte, daß es keinen Zweifel gebe, es sei die Kutschenlampe aus der Scheune von Frau Kruzinna. Kati vermutete, daß die alte Frau sie alle insgeheim beobachtet hatte, während sie in der Scheune gewesen waren, und dann die Laterne an sich genommen habe und damit über die Felder gelaufen sei.

„Und der Scheinwerfer. Es war genau der Scheinwerfer, den wir damals in dem Hünengrab gefunden haben", wußte Uli Steinke. „Also ist auch das die Laternen-Jule gewesen."

Fast die ganze Klasse nickte mit dem Kopf. Nur Fred, Oli, Tanja und Nele wußten besser, was hier in Wirklichkeit vor sich gegangen war. Der Auftritt der Laternen-Jule hatte sich als Zufall ergeben. Er ließ die Vermutung zu, daß die alte Frau das Flackerlicht im Hünengrab damals auch entdeckt hatte und heute nur ihr Nachahmungstrieb erwacht war.

Tanja zwinkerte Nele zu und Nele Fred, der die stumme Sprache der Augen an Oli weitergehen ließ.

„Nun, Oliver, willst du uns nicht aufklären?" vernahm man jetzt die Stimme von Frau Schier. „Ich habe dich als großartigen Gespensterexperten in Erinnerung. Was hältst du davon, wenn du uns eine hübsche, kleine, schaurige Geschichte erzählst, die − nun, sagen wir's doch − nicht unbedingt der Wahrheit entsprechen muß?" Oliver ließ sich nicht lange bitten. „Was gibt es da viel zu erzählen?" meinte er. „Jeder von uns hat es ja selbst gesehen, daß es noch echte Hexen gibt."

Am Dorfrand von Dolmenhagen vermischte sich in der Ferne der kleine schwarze Punkt von Laternen-Jule mit der Häusersilhouette.

„Wenn . . ."

„Ja, Oliver? Wenn? Wir sind gespannt und warten." Frau Schier übte sich in Geduld wie die ganze übrige Klasse.

„. . . wenn es sich dabei auch manchmal um ganz normale Menschen handelt", meinte Oliver in weiser Einsicht.